… sehr gern!
Dein
Erich

Alles Liebe …

… alles, alles Liebe
Dein Erich

Alles Liebe
Ihr
Er…

…en nur alles Liebe ! - Freiheit und Glueck !

Alles,alles Liebe und Gute einstweilen und ueberhaupt !
Auf Wiedersehen! Dein Erich

Was meinst du?
Sei umarmt und geküßt
von Deinem
Erich

… nur noch alles, alles Liebe
… Gute!
—Dein Erich

Alles Gute!
Dein
Erich (Fried)

und nun nur noch alles, alles Liebe
und Gute!
—Dein Erich

…rich

Immer wieder alles Liebe!
Sei gesund und nicht traurig! Dein
Erich

…hr gern!
… Erich

Alles,alles Liebe und Gute einstweilen und ueberhaupt !
Auf Wiedersehen! Dein Erich

… alles Liebe!
… traurig! Dein
Erich

Rasend eilig
Dein
Erich

… geküßt
… Deinem
Erich

Alles Liebe und Schoene, Auf Wiedersehen !

SALTO

Beginnend mit einem Leserbrief des achtjährigen Schülers Erich schlägt diese Sammlung einen biographischen Bogen, der den wichtigen Stationen seines Lebens nachgeht:

Die Kriegszeit in London unmittelbar nach der Emigration, die ersten literarischen Kontakte, die Freundschaften und Liebschaften und natürlich – immer und immer wieder – politische Auseinandersetzungen und zuletzt die von Krankheit gezeichneten Jahre.

Heitere, ernste, komische, wütende, nachsichtige und traurige, aber nie verbitterte Briefe, die von Frieds sehr großem Herzen und seiner unerschütterlichen Feindesliebe bei zugleich standhafter Haltung zeugen.

Alles Liebe und Schöne, Freiheit und Glück

Briefe von und an Erich Fried

Herausgegeben von Volker Kaukoreit

Für Eva Irblich,
meiner "Nachlaß-
Ziehmutter" (ins-
besondere in Bezug
auf Erich Fried) –
mit herzlichem Dank
für Alles –
unübertrieben:
In Liebe
von Deinem
[illegible]

Verlag Klaus Wagenbach Berlin

Wien 25.11.09

Editorische Notiz

Die vorliegende Brief-Auswahl soll eine handhabbare und optisch freundliche Leseausgabe sein. Dafür wurden die Briefköpfe und Schreibweisen vereinheitlicht sowie Tippfehler und sonstige Verschreibungen – wenn nicht wirklich eine Absicht zu erkennen war oder die Gefahr einer Verfälschung des Briefcharakters bestand – stillschweigend korrigiert. Die Eingriffe orientierten sich an der alten Rechtschreibung, wobei auch alle Umlautschreibungen (wie z.B. oe = ö) und die Verwendung von »ss« durch »ß« angeglichen wurden. Kürzungen, kleinere Auslassungen, Ergänzungen sind durch eckige Klammern gekennzeichnet. Beim erläuternden Anhang stand das Gebot der Kürze im Vordergrund.

Die Druckvorlagen stammen, wenn nicht anders angegeben, aus dem Nachlaß von Erich Fried am Österreichischen Literaturarchiv der Österreichischen Nationalbibliothek in Wien. Die wiedergegebenen Briefe Erich Frieds, die nur in einem Typoskript-Durchschlag oder einer Kopie vorliegen, müssen mit dem abgeschickten Original nicht unbedingt identisch sein. Vor der Absendung können eigenhändige Ergänzungen, Korrekturen und Streichungen vom Schreiber vorgenommen worden sein, wie noch nicht einmal, daß alle Schriftstücke ihre Adressaten überhaupt erreicht haben.

Die Zusammenstellung des Bandes verdankt sich der Mitarbeit einer Gruppe von Studentinnen und Studenten, die sich nach einem im Wintersemester 2008/09 an der Universität Wien abgehaltenen Seminar über Erich Fried zusammengefunden hat, namentlich Judith Höbinger, Leonhard Pagitsch, Vera Reumann-Schlinger und Tina Sporer. Ihnen gilt der Dank des Herausgebers, ebenso der Verlegerin Susanne Schüssler, die das Projekt mit Rat und Tat unterstützte, sowie den Praktikantinnen Julia Gehring und Anna Kuhlmann vom Wagenbach Verlag und abschließend für die ›Endspurt‹-Hilfe Tanja G. und der Wiener Katzen-Gang.

V.K.

Inhalt

Erich Fried an »Die Wahrheit«
1930

Meine lieben Schwestern und Brüder,

leider bin ich erst ein Knabe von acht Jahren und vermag meine Stimme nicht zu denen zu erheben und gehört zu werden, die berufen sind, über die Schuld Philipp Halsmanns zu Gericht zu sitzen, über die Schuld, die er nicht begangen. Ich habe ungesehen von meinen Eltern alle Zeitungsberichte über den Halsmannprozeß gesammelt, gelesen und immer wieder gelesen, und bin in tiefster Seele zur festen Überzeugung gelangt, daß hier grauenhaftes Unrecht einem Mitmenschen geschehen, einem jungen Mann, der vor ein paar Jahren ein Kind war wie ich – und seinen Vater so liebte, wie ich den meinen – und heute des Vatermordes beschuldigt wird; beschuldigt und verurteilt trotz mangelnder Beweise, verurteilt, weil er den Geschworenen nicht sympathisch war – weil er Jude ist. Auch ich bin als Jude geboren, bemühe mich immer, nur Mensch zu sein, auch ich weiß schon aus eigener Erfahrung, was Antisemitismus heißt. Ich gehe in die dritte Volksschulklasse, wir sind vier Juden und zirka 25 Andersgläubige. In vielen Freiviertelstunden gibt es die sogenannten Pausenkriege, glatte Religionskriege. – Ich bemühe mich redlich, meine Kameraden davon abzubringen, da wir doch alle – ob Jud oder Christ – Menschen sind, Brüder sein sollten. Aber die Jungens lachen und schreien: »Haut's den Juden!« Bei uns ist es ja momentan noch Spaß, im Grunde genommen trauriger Spaß, wenn ich denke, daß diese kleinen Jungens Männer wären, z.B. die Geschworenen im Halsmann-Prozeß, dann hätten auch sie für den Schuldspruch des armen Menschen gesprochen, im Unterbewußtsein von einer dunklen Macht getrieben, weil auf der Anklagebank ein Fremdling saß. Einer, der ihre Sitten und Gebräuche nicht kannte und sie nicht liebte, ihnen fremd – durch ihr wundervolles Land, Wiesen und Wälder schritt, die Schönheit der Natur mit der Seele trinkend und darüber vergaß, sein »Bergfrei« den entgegenkommenden Touristen zuzurufen. Daß er mürrisch war, wurde immer wieder betont.

Meine lieben Schwestern und Brüder, auch die Ihr jetzt Väter und Mütter seid, entsinnt Euch, wie bitter es war, wenn Ihr in der Schule 'mal ungerecht eine Rüge bekommt oder eine Stunde nachsitzen mußtet, und dann versuchet zu ermessen – ganz begreifen kann man es nicht –, welche Qual im Herzen eines unschuldig Verurteilten wohnt, – der Philipp Halsmann ist, – der auf so grauenhafte Weise seinen Vater, den er liebte, verlor, den man jetzt noch Mutter und Schwester, deren Stütze er ist, raubt – den man zum Mörder stempelt.

Neun Tage hungerte Philipp Halsmann, der schwache, kranke Mensch, der seinen Mitmenschen allen, die er kannte, immer nur Liebe gab, bestrebt war, Freude zu bereiten. Denket an ihn und helft ihm, denket daß auch Ihr Schwestern und Brüder, Töchter und Söhne habt, denen morgen ein gleiches Unrecht geschehen kann, helfet den Frieden herbeizuzaubern auf das Antlitz seiner unglücklichen Mutter, indem Ihr dem einzigen Sohne Gerechtigkeit widerfahren lasset!

Nicht Ehrgeiz, in der Zeitung zu stehen, veranlaßt mich zu diesen Zeilen, sondern tiefste Unruhe, die mein ganzes Sein beherrscht, mich weder essen noch schlafen läßt – unfähig macht, einen frohen Gedanken zu fassen, solange Philipp Halsmann in der Zelle schmachtet.

Erich Fried, Schüler der 3. Klasse

Erich Fried an Stefan Zweig
London, 19. Oktober 1939

Verehrter Herr Stefan Zweig,

[...]. Ich bin aus Wien, habe das Wasa-Gymnasium besucht, aus dessen siebenter Klasse ich austrat, als die Anstalt aufgelöst wurde. – Meine Eltern wurden verhaftet, mein Vater einen Monat darauf in unbeschreiblichem Zustand nach Hause gebracht und starb am gleichen Tag. – Meine Mutter blieb über ein Jahr in Haft.

Als ich ihr von Wien aus nicht mehr helfen konnte, auch seit Tagen gehungert hatte, machte ich von meinem englischen Visum Gebrauch und verließ Wien am 4. August 1938. – In London wollte ich meine Studien fortsetzen, doch starb mein Onkel, der für mich garantiert hatte, einige Wochen nach meiner Ankunft. – Ich verkaufte mehrere kleine Erfindungen, die ich in Wien gemacht hatte, und bekam etwas Geld. – Davon kaufte ich diese Schreibmaschine und begann in Zusammenarbeit mit drei Freunden in Wien, die besonders traurige Fälle auswählten, Visa für Konzentrationslagerhäftlinge etc. zu beschaffen. – Im November wurden zwei meiner Freunde in Wien verhaftet, einer starb im Konzentrationslager. – Kurz darauf wurde ich krank und das Kommittee unterstützte mich. – Nachher setzte ich die Bemühungen um Visa fort, sah aber mehr und mehr, daß mit dem bloßen Herüberbringen nach England wenig getan ist, am wenigsten bei den Jugendlichen. – Ich beriet mich mit einigen reiferen Menschen, die ich kannte, sehr wertvollen, warmherzigen Männern, und dann versuchte ich zusammen mit einigen befreundeten Altersgenossen – Burschen und Mädchen verschiedener politischer Überzeugungen – einen kleinen Kreis zu bilden, dessen Mitglieder einander helfen sollten. – Wir kamen zusammen, Vorträge wurden gehalten, aktuelle Probleme besprochen,

Bücher ausgetauscht, Bildungslücken ausgefüllt, Lieder gesungen, Gedichte und Kurzgeschichten vorgelesen – – es wurde mehr geleistet, als diese Ausführungen, die Sie vielleicht leise lächeln machen werden, beschreiben können. – Jeder wußte, daß er in allen Lagen beim Andern Hilfe finden konnte. – Einige Wochen vor Kriegsbeginn wollten wir unseren Kreis vergrößern, unsere Wirksamkeit vertiefen – – – auch die Visabeschaffung sollte in größerem Umfang in Angriff genommen werden. – Zu all dem kam es nicht mehr … […]

[Erich Fried]

Erich Fried an Lux und Gerti Furtmüller
1940

Lieber Lux und Gerti,

es ist sehr, sehr schwer zu schreiben, denn im Grunde genommen bin ich so deprimiert, daß ich am liebsten überhaupt nur schlafen möchte, oder dösen, oder mich tief in Bücher vergraben. – – Unser Haus steht, und auch meinen Bekannten ist – bis auf ein paar Hautabschürfungen – noch nichts passiert. – In diesem Satz scheint aber das Wort »noch« wichtig zu sein. – – – Unlängst wollte ich eine Freundin besuchen, und als ich hinkam, war das Haus ausgebrannt und halb eingestürzt. – Es war ein großer Schreck, aber einige Telefongespräche unterrichteten mich, daß ihr gar nichts und auch ihren Habseligkeiten fast nichts geschehen ist. – – Auch Judith mußte wegen einer Zeitbombe einige Tage ihrem Haus fernbleiben. – – – Die Oxford Street liegt zum Teil in Ruinen. – Bei Marble Arch ist eine Bombe durch ein Luftloch in einen unterirdischen Massenunterstand gefallen und hat viele Menschen getötet. (– Eben heulen die Sirenen Fliegeralarm –)

Ich ignoriere die Luftangriffe, soweit es möglich ist. – Manchmal ist es nicht möglich. – Vor einigen Tagen – ich war gerade unterwegs zu meiner Mutter – begann heftiges Feuer, und die Sprengstücke zischten rund um mich, schlugen mit hellem Lauf auf die leere, dunkle Straße auf oder zerbrachen Fenster neben mir … – Da rannte ich davon, so schnell, wie ich sicherlich noch nie gerannt bin. – Am nächsten Morgen sammelte ich dort eine ganze Schachtel voll Schrapnells. – Die Nacht verbringe ich meist daheim, im untersten Stockwerk. – Denn am Tag ist es fast nie wirklich arg. – Ich war einmal in einer Untergrundbahnstation (Baker Street), um das mitzuerleben, – dabei hat ein Wiener Junge von 18 Jahren einen epileptischen Anfall gekriegt, dessen Krämpfe zwei Stunden gedauert haben.

– Dabei fielen für mich ein blau geschlagenes Auge und eine blutiggekratzte Hand ab. – Eine andere Nacht habe ich im Keller eines der Courts in Maida Vale verbracht. – Dort hatte ich einen etwas heftigen Meinungsaustausch mit einer alten Engländerin besseren Standes, die über die Emigranten schimpfte. – Ich war siegreich, und nicht nur das ganze Publikum nahm gegen sie Partei, sondern nach einiger Zeit war sie selbst recht nett. In diesem Court konnte man nicht auf der Erde liegen, und so schlief ich überhaupt nicht. Wenn ich liegen kann, gleichgültig wie, schlafe ich aber sehr gut. – Ich habe Erste Hilfe gelernt. –

Ein Freund von mir, Dr. Paul Rosenberg, ist kürzlich weggefahren. Nach Amerika. – Erst drei Tage vor der Abreise wurde er freigelassen. Das war auch ein Erlebnis. – Er ist Schriftsteller und hatte einen großen Koffer mit Manuskripten und Material, – darunter z.B. 2.000 Seiten Stenogramme über das K.Z., – Spezialpläne von Dachau und Buchenwald usw. – Die Reisezensur hat den Koffer – entgegen dem Brauch – binnen 3 Stunden bewilligt, und die Beamtinnen versicherten den Dr. Rosenberg auch ihrer Gesinnungsgleichheit. – Dann fuhren wir mit einem Taxi heim, das den Versuch an den Bombensperren vorbeizukommen wiederholt aufgeben wollte, dann wurde gepackt, und zuletzt trugen wir die 10 Koffer in tiefster Dunkelheit über Gänge und Stiegen der verdunkelten South Hampstead Station zum Zug hinunter, während die Schrapnells schon wieder flogen (deshalb wollten uns die Bahnbeamten nicht helfen) und ein Höllenlärm begann …

Ich habe die Bibliothek Dr. Rosenbergs geerbt. – Als Verwalter für die Dauer des Krieges mit Benützungs- und Verleihberechtigung. Daher sieht mein Zimmer momentan etwas sonderbar aus. – Aber ich bin glücklich.

Ich habe jetzt vier Wochen Urlaub vom Komittee, und ich bin mir nicht im Klaren, ob ich dahin zurück soll. – Jetzt jedenfalls schreibe ich, – ordne Bücher, lese, lese, lese, – spreche einer ganzen Anzahl von jungen

Wesen Mut zu, und manchmal kommen wir zusammen wie in den Zeiten der Emigrantenjugend. – Dieses Aufrichten anderer Leute hat etwas Verlogenes an sich, wenn ich bedenke, wie unwahrscheinlich gut es mir gelingt und wie wenig Mut ich selbst habe. Andererseits hilft es bis zu einem gewissen Grade rückwirkend mir selbst. – – Ich ordne auch, was ich geschrieben habe, zu Gedicht- und Prosabänden, – Zeitgedichte, Lyrik, Kurzgeschichten, Dramatische Skizzen und Aufsätze. –

Und zuletzt eine Frage: Kann man in Eurer Gegend a) ein möbliertes Haus mieten, um dort zu leben, und was kostet das? b) könnte ein einzelner Mensch (nämlich ich plus Bücher) billige Unterkunft finden und was kostet das? – Bitte um baldige Antwort. – – Auch wegen »protected area« usw.

[...]

Viele viele Grüße und alles Gute
Euer
Erich

Etwa Mitte der vierziger Jahre

Heinrich Mann an Erich Fried
Los Angeles, 19. Juli 1945

Lieber Erich Fried,

Ihre Gedichte sind ein guter, erfreulicher Anfang, geistig und formal. Ihr Sinn für die Menschen ist offen genug, daß Sie streng und einsichtig, sogar mitleidsvoll sein können. Sie finden den treffenden Ausdruck, der sich einstellt, wo klar gedacht wird. Das gehobene Gefühl tut den Rest, es gibt dem Wissenden die ergreifenden Gesichte, wie in »Nach der Sintflut II«, »Botschaft an Macbeth«, »Hamlet an Fortinbras«.

Sehr schön, daß auch das Geahnte seinen geheimnisvollen Weg in das Wort nimmt. »Der Sommer geht zur Neige« ist so gut wie ein Lied von Eichendorff berufen, in Musik gesetzt zu werden und lange zu dauern.

Nehmen Sie meinen Glückwunsch und Dank
Ihr
Heinrich Mann

Erich Fried an Ilse Aichinger
London, 12. März 1948

Liebe Ilse!

Diesen Brief schreibe ich unmittelbar nach dem Lesen der letzten paar Seiten Deines Manuskripts. Ich habe dazu nichts anderes zu sagen als zu dem übrigen, aber ich sage es nochmals, und schriftlich, weil ich das eigentlich muß, und auch – weil Du mir keine Zündhölzer nachwerfen kannst, wenn ich nicht sage, sondern schreibe, was ich von Dir denke.

Nochmals, ich bin mit der Bezeichnung »Genie« sehr sparsam. Von schreibenden Menschen hab ich einzig den Franz Steiner so bezeichnet … und nun Dich. Dabei ist es so rührend; manchmal weißt Du nicht einmal, wie Du etwas sagen sollst, und brauchst zwei Sätze, wo Du sichtlich einen Nebensatz hättest verwenden wollen. Man hat den Eindruck, daß Du nicht einmal einen *ganz* richtigen Schulaufsatz schreiben könntest. Und das macht das andere noch schöner und größer, dies, daß Du eine *ganz* richtige große Dichtung geschrieben hast, daß Du von allen schreibenden Frauen, die es bisher gegeben hat (oder doch die ich kenne!) die größte Dichterin bist.

Dies widerlegt nicht die Notwendigkeit einer vorsichtigen, gehörig bescheidenen Korrektur. Denn meine Freude ist ja die eines schreibenden Menschen, eine etwas verschroben abgeleitete Freude, die des »sentimentalischen« Künstlers über den »naiven« (wenn Du weißt, worauf sich die Termini beziehen?). Es ist sehr tröstlich und ermutigend, daß eine Dichtung wie Dein Buch entstehen konnte, nicht als Frucht langer Übung und großen Wissens, sondern einzig aus unendlicher Innigkeit, aus Reinheit, aus Liebe und Schmerz, aus… eben aus Unaussprechlichem.

So kommt es, daß Dir gerade das Schwerste am allerbesten gelingt. In den beschreibenden Stellen, gem[äß] Kommentar gewissermaßen gibt es da und dort eine rührende kleine Unbeholfenheit, Einfalt, achtlose Übernahme eines Klischees. In den intensiven großen Stellen gibt es das nie! (Allerdings gibt es etliche Korrekturen, von fremder Hand oder fremdem Rat wohl, die unnötig sind und manchmal Schönheiten verstümmeln).

Ich weiß nicht, ob es meine persönliche Schwäche ist, oder allgemeinmenschliche Eigenschaft, dort, wo man sehr stürmisch liebt, gar nicht mehr mit dem geliebten Menschen oder Gegenstand vereint zu sein, sondern mit seinem eigenen Herzen nicht mehr fertig zu werden, so daß man nur sich, sich neu und bestürzt und verwandelt sieht, fragt, erforscht und nicht ergründen kann.

So kann ich eigentlich gar nicht mehr über Dich, über Dein Buch schreiben, nur mehr über mich, über mein Erlebnis mit diesem Buch, mit Dir... und das mußt Du zu entschuldigen versuchen.

Rilkes Gedicht über den archaischen Apollo endet mit den Worten

> ... denn da ist keine Stelle,
> die dich nicht sieht. Du mußt dein Leben ändern.

Außer bei Kafka habe ich noch nie dieses Gefühl so stark erlebt, angesichts eines Kunstwerkes mein Leben ändern zu müssen. Und auch jetzt erlebe ich es gar nicht als Gebot, als Forderung, sondern – wenn auch die Verwirklichung noch schwer zu bezahlen sein wird! – mindestens in diesem Augenblick schon als Geschehenes, als Verwandlung, als Zauber... Nie wieder werde ich so schreiben können wie vor der Begegnung mit Deinem Buch. Es löst etwas, es befreit etwas, von Grund auf. Und in mancher Hinsicht wird es mir wichtiger sein als Kafka. Wie nahe verwandt fühl ich mich dem magischen Wortgebrauch, den Assoziationen, ja den Handlungen selbst. Kenntest Du meine kurze Prosa, du fändest vielmals das Gleiche, das Versteckenspiel bei den Gräbern erst vor einigen Wochen entstanden, nur trostlos, nur unerlöst, nur im Grauen suchend.

Du verstehst, daß ich mich nicht mit solchen Verwandtschaftsansprüchen in Deine Nähe einschleichen will. Bloß, es ist wirklich wahr. Der Nachweis ist zu erbringen, der große Nachweis! Du sollst auch nicht glauben, ich werde nun versuchen, zu schreiben wie Du. Das geht nicht. Man darf sich nicht einfach nehmen, was man liebt; so einfach geht es ja nicht. Man muß das geliebte Werk zurückverfolgen in seinen Schöpfer, in die Bedingungen seines Werdens; und nicht nur mit dem Verstand, sondern mit allen Sinnen, Gefühlen und Ahnungen, mit Wahrheit und Irrtum, mit seinem ganzen Wissen und mit seiner ganzen Torheit.

So ist Dein Werk untrennbar von Deiner Religiosität. Und es geht nicht, daß ich deshalb religiös werde. Denn religiös kann man überhaupt aus keinem irdischen Grund werden, und an Gott kann man sich nicht verkaufen und ihm nicht seine Seele verschreiben – das geht nur beim Teufel... Aber Zeuge kann man sein, Zeuge und Zeitgenosse Deines Werkes, das so überzeugend sein mag wie nur irgendein Wunder der alten Zeit. »Den Seinen gibts der Herr im Schlaf.« Ich weiß, auch Dein Buch ist in Schmerzen geboren, aber auch Deine Schmerzen sind immer noch Schmerzen im großen Raum Deines Schlafes, Deiner Einfalt, Deiner Unberührtheit von vielem.

Ich bin glücklich, daß ich meinen Roman »Die Falle« nicht geschrieben habe, bevor ich Dich und Dein Buch getroffen habe. Ich bin überhaupt glücklich wie schon lange nicht. Entweder man schildert nicht unmittelbar die Ereignisse der Gegenwart – oder man wird oberflächlich. So hieß es in uns hier seit langer Zeit. Ein bitteres *unmenschliches* Kunstgesetz. Thomas Manns verzweifelte Mühe am Ende des Sagbaren. Meine eigenen Assoziationsgedichte – zwar ein Vorstoß über das Sagbare hinaus, auch ins Zeitnahe, aber um den Preis der völligen Ausgeliefertheit an die verschrobenste aller Inspirationen. Und nun kommst Du und bist die Erlösung. Und es sieht so einfach aus. Es ist auch ganz einfach! Wirklich! Nun kann es wieder jeder besser machen. (Nur *machen* nicht!!!)

Und noch etwas. Etwas, was diesen Brief angeht. Ich hab so einen Brief noch nie geschrieben. Nach englischen Begriffen ist er einfach unanständig; man brüllt nicht so. Die bescheidene Zurückhaltung – die viel für sich hat –, die Bekümmertheit um dies und das, all das hat meine kontinentale Überschwänglichkeit verschüttet. Aber eben doch nicht erstickt. Noch kann ich rühmen! Da bist Du, und ich rühme Dich; da bist Du, und ich preise Dich, und ich danke Dir. Und das ist gut so.

Das ist alles. Sonst habe ich jetzt nichts zu sagen.

Auf Wiedersehen, und bitte grüße Helga,
Deine Mutter und Ruth!
Dein
[Erich Fried]

Paul Celan an Erich Fried
Paris, 12. Januar 1952

MEIN LIEBER ERICH FRIED,

Sie wollen ein schlechter Briefschreiber sein – und ich, was wäre ich denn, wenn das wahr sein sollte? Wie weit liegt Ihr Brief jetzt zurück? Wochen, beinah Monate ... Mein Guter, wie sehr ich Sie beneide!

Wie ich Sie um Ihre Ausdauer, um all die Stunden der Arbeit beneide! Wenn Sie wüßten, womit ich meine Zeit hinbringe – wenn *ich* es wüßte!

»Soldat und Mädchen« – eine Geschichte, die immer umfangreicher wird, eine Geschichte, die wächst! Wenn eine Geschichte möglich wäre, die zusammenschrumpft, während man sie erzählt – ich könnte sie schreiben, und wie!

Hie und da ein Gedicht: das ist alles, was ich zur Zeit fertigbringe –

Zugegeben, es fehlt nicht an Erklärungen hierfür, ich kann mich auf alles irgend Erdenkliche herausreden – je unwahrscheinlicher es klingt, je wahrer ist es, glauben Sie es mir. Erst am Gegenpol meiner Existenz fange ich zu leben an – wie soll es da eine Mitte geben, die mich zurücknimmt, wenn ich mich an der Peripherie müd gelaufen habe? Übrigens – ein bißchen Geographie zu meiner Ernüchterung – *wo* habe ich denn wirklich gelebt, in welchem Land, unter welchen Menschen?

Und dann auch: wer weiß, vielleicht lag zuviel (vermeintliche?) Zukunft im Vergangenen, vielleicht hat das Morgen sich im Gestern erschöpft?

Sie sehen: lauter Frage- und Rufzeichen, und zwischen diesen beiden taumelt hilflos das Wort –

Lieber Erich Fried, ich denke viel an Sie, immer wieder lehne ich mich an diesen Gedanken. Darf ich aussprechen, daß ich mir dessen bewußt zu sein glaube, wie viel uns verbindet: Gedanken, Gefühle, die morgen nicht mehr mitteilbar sind und die selbst wir schon – heute! – nur stumm zu tauschen verstehen, weil ihre Sprache längst beim Schweigen in der Lehre steht.

Haben Sie Dank für Ihr Gedicht, lieber Erich Fried! Ich freue mich, daß Sie es mir widmen wollen!

Ich lege diesem Brief ein paar eigene Gedichte bei, darunter auch das Ihnen gewidmete »Auf Reisen«, das [Sie] ja bereits kennen.

Brauche ich Ihnen zu sagen, wie sehr ein Brief von Ihnen mich freuen würde!

Mit vielen herzlichen Grüßen
Ihr
Paul Celan

Erich Fried an Robert Bialek
London, 17. September 1954

Lieber Robert Bialek!

[...] Ihre Kritik und Ihr Brief haben mir in meiner Arbeit geholfen. Ich bin ja darauf angewiesen, meine Kollegen einigermaßen davon zu überzeugen, daß es sich lohnt, gewisse Themen auf eine gewisse Weise zu behandeln.

Wie ich höre, haben Sie meine politische Herkunft richtig eingeschätzt. Ich war hier im Krieg in der Londoner Leitung des Österreichischen Kommunistischen Jugendverbandes für Kulturarbeit und marxistische Schulung verantwortlich, habe selbst einige Zirkel geleitet, war außerdem Mitglied des Kulturbundes und kannte als Gast und als Referent die Londoner FDJ und den tschechischen Jugendverband sehr gut. Als ich nicht mehr mitmachen konnte, bemühte sich die österreichische Partei, die Beziehungen nicht ganz abreißen zu lassen, weil man sich von mir als Dichter propagandistische Vorteile erhoffte. Ich mußte auch Einladungen nach Ostberlin ausschlagen, von Kuba, Heinz Kamnitzer und Andre Asriel. Einige dieser alten Freunde habe ich Anfang 1953 in Ostberlin besucht.

Als ich wegging, geschah es nicht mit einer klaren Alternative, sondern nur aus der Überzeugung, daß es *so* nicht ginge. Schon vor meinem Eintritt hatte ich einer »Trotzkistischen« kleinen Gruppe angehört, von der ich mich abwandte, weil ich damals, 1939/40, glaubte, trotz aller Kinderkrankheiten sei der Weg zu einer besseren Welt doch nur durch die KP möglich.

Als ich also wegging, war ich nicht ein enttäuschter junger Dichter oder derlei. Auch seither habe ich mich natürlich um die Lösung der Probleme unserer Zeit und die Schaffung einer gerechten Welt gekümmert, praktisch umso mehr, je mehr ich selbst einen Ausweg zu sehen glaubte. Heute glaube ich einiges Wesentliche erkannt zu haben und gelernt zu haben, und soweit ich feststellen kann, ist das in vieler Hinsicht das Gleiche, was Sie wollen.

Ich selbst würde mich nicht mehr einen Marxisten nennen, oder doch einen so weitgehenden Revisionisten, daß es Geschmackssache wird, ob man die guten alten Fachausdrücke beibehalten will oder nicht. Sicherlich sind die Arbeiten des Marxismus ein wichtiger Bestandteil meines Denkens. Aber ich glaube, daß Verfall und Verfälschung des Marxismus in der Arbeiterbewegung des 20. Jahrhunderts auf Zeitgebundenheiten, Einseitigkeiten und Lücken der ursprünglichen Lehre zurückzuführen sind, mindestens zum Teil. Ich glaube, Marx und Engels waren noch zu sehr Kinder ihrer Zeit, zu einseitig rationalistisch eingestellt, hielten den Menschen für mehr vernunftgelenkt, als er in Wirklichkeit ist. Grade heute in meiner Freitagsendung spreche ich darüber.

Ich glaube, daß gerade die Stellen, an denen heute der Terrorapparat ansetzt oder die kommunistische Propaganda versagt, Rückschlüsse auf Fehler in der Theorie erfordern. Zum Beispiel nur einen Satz aus dem Manifest: »Die Bourgeoisie hat dem Familienverhältnis seinen rührend-sentimentalen Schleier abgerissen und es auf ein reines Geldverhältnis zurückgeführt.« Das ist alles andere als Wirklichkeitserkenntnis. Es ist nur das Gegenstück zur Einseitigkeit der Ideologie des Manchester-Liberalismus.

Ich glaube, daß der »Wissenschaftliche Sozialismus« des 19. Jahrhunderts nicht nur einer ökonomischen Weiterführung (Varga) bedarf, nicht nur einer kulturkritischen Weiterführung (Lukács), sondern einer grundlegenden Erneuerung, die alle Erkenntnisse der modernen Tiefen-Psychologie und Massenpsychologie und alle Erkenntnisse auch der »bürgerlichen« Soziologie einbezieht.

Dadurch ändert er sich freilich so sehr, daß man ihn sicher nicht mehr Marxismus oder wissenschaftlichen Sozialismus nennen kann. Vielleicht überhaupt nicht mehr Sozialismus. Aber dadurch erst wird eine politische Bemühung in unserer Zeit wirklich wissenschaftlich und hat Aussicht, die Ausbeutung des Menschen durch den Menschen und die lebensgefährlichen Gegensätze der großen Interessengruppen zu beseitigen.

Heute ist es immer noch so, daß das »linke« Denken zwar das logischste politische Denken sein mag, aber oft beschränkt, einseitig rationalistisch und der Entfremdung von mannigfaltigen uralten und in uns selbst verankerten Funktionen erliegend. Das funktionsreichere Denken aber ist oft gerade durch diese Einseitigkeit des »linken« Denkens nur allzu sehr zu einer »Reserve der Reaktion« geworden. Bodenständigkeit, Blut und Boden, völkisches Kulturgut, das alles sind Wirklichkeiten. Da sich aber die Rationalisten um sie nicht kümmerten und die industrielle Revolution die alten kritischen Maßstäbe ungültig machte oder in Vergessenheit brachte, wurden das Kraftquellen des Faschismus, und zum Teil Quellen ehrlicher Begeisterung seiner jungen Anhänger und späteren Opfer.

Das alles würde für einen Brief viel zu weit führen. Aber ich hoffe, Sie in absehbarer Zukunft in Berlin kennenlernen zu dürfen, und hoffe, Ihnen noch vorher auch außerhalb der von Ihnen so gewissenhaft gehörten Londoner Rundfunksendungen eine Arbeit vorlegen zu können. Mittlerweile werde ich mich über jede Kritik und Anregung freuen. Doch dürfen Sie nicht die Geduld verlieren: nicht jede Anregung kann sogleich in die Tat umgesetzt werden. Für alles, was ich von Ihren Bemühungen erfahren darf, bin ich Ihnen besonders dankbar. Ich glaube trotz aller Meinungsverschiedenheiten: gerade das ist es, worauf es ankommt.

Ich bleibe mit herzlichstem Gruß
Ihr
[Erich Fried]

Erich Fried an E. R. Nele
London, 23. Oktober 1955

Liebe, liebe Nele!

Es ist jetzt schon unglaublich lange her, daß ich Dir Antwort auf einen Brief schuldig bin, über den ich mich gefreut habe und der bewirkt hat, daß ich mich nach einem Wiedersehen mit Dir und mit Deutschland gesehnt habe. Die Sehnsucht – in beiderlei Richtung – ist durch mein langes Nichtschreiben nicht geringer geworden. Dich aber müßte ich eigentlich um Verzeihung bitten, daß ich so lange nicht schrieb, ja sogar das Manuskript, das Du mir damals freundlich zurücksandtest, weil ich es brauchte, bis heute nicht zurückgeschickt habe. Das hol ich morgen nach.

Vielleicht ist es aber doch nicht das Wichtigste, Dich um Verzeihung zu bitten, sondern ich soll lieber erklären und erzählen. Also:

Erstens, bitte, liebe Nele, erinnere Dich an Deinen letzten Brief. Er liegt hier vor mir, in Deiner leicht linksüber geneigten, runden, ausladenden großzügigen Schrift. Er fängt mit schwarzer Kugelfeder an und geht mit roter weiter, und Du berichtest vom prickelnden Berliner Pflaster, von einem zerbrochenen Spiegel und von einem Nachbarn, der Zarah Leander-Platten spielt … Erinnerst Du Dich jetzt wieder dran? Ja? Du mußt Dich für Deinen Aberglauben gar nicht entschuldigen, aber hoffentlich hat Dir der Spiegel doch kein Unglück gebracht! Und in Zukunft einen Rat: Nach altehrwürdigem deutschen Aberglauben bringt ein zerbrochener Spiegel *kein* Unglück, wenn man die Scherben begräbt! Mir scheint diese Idee der letzten Ehre für den verunglückten Doppelgänger so schön, daß ich mich, seit ich es weiß, richtig danach gesehnt habe, einen Spiegel zu zerbrechen, bisher vergebens.

In Deinem Brief, Nele, stand der Satz: »Ich weiß nicht, ich erinnere mich nur vage, doch glaube ich, war mein letzter Brief an Dich schrecklich dumm.« Nun, dieser schrecklich dumme Brief ist mir seither noch öfters im Kopf herumgegangen, weil ich ihn nämlich nie erhalten habe. Wieso war er dumm? Oder weißt Du das nun auch nicht mehr?

So schrecklich dumm aber kann er gar nicht gewesen sein, wie ich mich – veranlaßt von Dir – mehrmals gefühlt habe. Der Grund ist vielleicht gar nicht so kompliziert. Ich habe nur einmal zuvor in meinem Leben ein nicht gerade uraltes und daher schon dem Stand der Hexen und Sibyllen angehörendes weibliches Wesen kennengelernt, das als Persönlichkeit, als Begabung und – ich möchte fast sagen schöpferischer Dynamo oder Dynamo des Kreativen – einen so starken, unmittelbaren Eindruck machte wie Du. Und weil unsere Zivilisation schon an allen Enden eingerissen und ausgefranst ist und wir verlernt haben, Geschwister in Christo zu sein, oder sonst in irgend etwas Umfassend-Beruhigendem, reagiert man als männliches Wesen auf so eine Begegnung gewöhnlich, indem man sich verliebt. Insofern man sich dadurch in den Besitz des geliebten Menschen zu setzen versucht, ist das freilich ein grobes Unrecht, ein Rest von Magie, wie die des Beduinen, der das Herz des erlegten Löwen ißt, um seine Beherztheit zu gewinnen. In Wirklichkeit ist Liebe, namentlich bei schöpferischen Menschen, nur möglich, wenn die beiden Egoismen sich ko-ordinieren lassen.

Außerdem kam ich mir von Anfang an zu fest verheiratet vor, und nicht schön genug für ein Wesen, dessen Empfinden den *bildenden* Künsten angehört, die viel weniger komplizierte Transformationen dulden als etwa Dichtung oder gar Musik. Und zu alt kam ich mir auch vor, auf eine komische Art, nicht wegen der zehn Jahre, die uns trennen, sondern weil ich noch soviel Kontinuität vom Wien vor dem Krieg in mir habe, daß ich mich zuweilen wie ein lebendiges Fossil fühle. Und, wiewohl nie als Emigrant empfindend, fühlte ich mich doch in ein Nebengleis oder einen toten Arm verschlagen, weit vom Schuß. Das wesentlichste Hindernis aber für ein richtiges Gefühl der Liebe war natürlich doch mein Verheiratetsein. (Ich spreche jetzt nur von Liebe, die ja auch unglücklich sein kann, und nicht von Gegenliebe. Also betrachte das bitte nicht etwa als Frechheit und Größenwahn.) Zwar war ich gründlich unglücklich verheiratet, aber das macht wenig aus. Die Liebeserklärungen des Ehemannes, der zunächst rührselig erzählt, wie ihn seine Frau nicht versteht, schienen mir immer nur ein klein wenig minder komisch als die des Herrn in reiferen Jahren, der sich der Photos seiner heranwachsenden Kinder als Gesprächsstoff und Einleitung zu der Erklärung bedient, wie jung er sich doch im Grunde seines Herzens noch fühle …

Und aus all diesen Gründen, Nele, war ich gar nicht ganz ungezwungen Dir gegenüber, und ich hoffe nur, ich bin Dir nicht lästig gefallen, als ich dich wieder und wieder und nochmals sehen wollte.

Ich war auch gar nicht bloß schweigsam und edel. Nein, ich versuchte mir auch nach besten Kräften die bloße Möglichkeit, mich in dich zu verlieben, ganz und gar zu verbauen. »Rasend begabt ist sie, das muß ihr der ärgste Feind lassen. Aber wie sie spricht, wie rasch und wie viel, wie ein Feuerwehrschlauch, der unter Hochdruck losspritzt! Gegen einen solchen Egoismus, wie ihn ein begabtes Künstlergeschöpf auf dieser Stufe seiner Entwicklung schlechterdings sogar haben muß, ist doch nicht anzukommen. Sowas könnte ich doch auch gar nicht glücklich machen und mit so was auch nicht glücklich sein. Und vergnügungssüchtig ist sie wahrscheinlich auch noch, tanzt und raucht und sauft – und außerdem, ich habe mich doch bisher nur in ganz ganz dünne, geradezu knochendürre Mädchen verliebt, bin ich denn eigentlich verrückt geworden!?« So und ähnlich suchte ich in mir gegen Dich zu hetzen, nicht feindlich natürlich, nur mit dem Ziel: »Freundschaft, ja, aber alles weitere ist von vorneherein verboten!«

Und dann kam nach einiger Zeit dieser Dein Brief, der mit schwarzer Tinte begann und mit roter aufhörte, und da war zu allem Unglück noch so viel lebendiges, einfaches, schönes Sprachgefühl drin, und gar nichts von den scheußlichen unnützen Nachkriegsworten, die Dir manchmal bei schnellem Sprechen mit ins Satzgetriebe geraten, daß mich der Brief gefreut und zum Geschichtenschreiben gestimmt hätte, auch wenn ich Dich gar nicht gekannt, sondern ihn nur auf der Gasse gefunden hätte. Und das war alles etwas zuviel für mich, und so habe ich die Antwort hinausgeschoben, und dann war es schon unmöglich, Dir zu schreiben, ohne das alles zu erklären, und das kann man nicht jeden Tag.

Nun hab ich es aber im Wesentlichen erklärt. Nur eines noch: Ich halte mich für durchaus berechtigt, Dir das alles so zu schreiben; einfach, weil es wahr ist. Aber natürlich entstehen Dir daraus keinerlei Verpflichtungen, nicht einmal die, auf diesen Brief bald – oder überhaupt – zu antworten. Es ist auch keineswegs so, daß du mich unglücklich gemacht hättest. Objektiv gesehen, war ich schon vorher unglücklich; und subjektiv gesehen, habe ich mich weder damals wirklich unglücklich gefühlt, noch tue ich das jetzt. Es gibt mir keinen Stich, sooft ich an Dich denke, im Gegenteil, ein eher lustiges, sehr lebendiges Gefühl, wozu auch Dein farbenfrohes abstraktes Bild beiträgt, das in meinem Arbeitszimmer hängt. Also, kein Grund zu Sorge oder Ärger!

Was es sonst noch gibt. Ich habe also schließlich doch ein Haus gekauft, was vor allem für Carl James (Rikowsky) gut ist; erstens, weil er sein großes Zimmer wieder für sich selbst hat, und das braucht er, denn die kriegen ein zweites Kind, und zweitens, weil ich ihn ständig beschäftige, um aus dem ehemaligen Gemischtwarenladen in dem Haus ein großes Atelierzimmer zu machen. Nan und ich leben in diesem Haus zwar freundlich, gemeinsam essend usw., aber getrennt. Sie hat eine psychoanalytische Behandlung angefangen, und Arbeit in der Volkslieder- und Tanz-Gesellschaft (Cecil Sharp House), wofür sie sich ohnehin immer interessiert hat, um dafür zu bezahlen. Und sie wird offenbar in einigen Monaten, wenn sie genügend Selbstsicherheit gewonnen hat, von mir weggehen. Sonst gibts wenig zu sagen.

Was ist aus *Deiner* Ausstellung geworden, die Du im Brief erwähntest? Und wie hat Dir die große Documenta-Ausstellung gefallen? Und was machst Du, und wo?

Schreib vielleicht doch bald! Alles, alles Liebe
Dein
Erich

Erich Fried an Josefine Freisler
1959

Meine liebe gute einzige Fini!

Denn ich darf Dich doch sicher noch so nennen und Du sagen, nicht wahr? Ja, ich bin es, und ich habe nach dem Krieg mehrmals vergeblich versucht, Deine Adresse ausfindig zu machen und zu erfahren, was aus Dir geworden ist. Du warst in Dresden, glaube ich (oder in Meißen?), aber dort riß der Faden ab.

Und nun kam Dein Brief, nur eine knappe Anfrage, verständlicherweise, wenn dreißig Jahre oder mehr verstrichen sind, aber doch ein Lebenszeichen, in einer großen, gütigen, ehrlichen, großzügigen, sympathischen Handschrift. Also gibt es Dich. Rilke sagt einmal, ich glaube in den Duineser Elegien: »Wer spricht von Siegen, / Überstehn ist alles.« Das gilt schließlich auch für uns Überlebende unserer Zeit.

Fini, Du Liebe, zwar ein Wunder, daß Du überhaupt meine Adresse wußtest, woher? Aber *ganz* stimmt sie nicht. Die Hausnummer ist in Wirklichkeit 94 [...].

Dein Brief hat mich, wie Du Dir denken kannst, einigermaßen aus der Fassung gebracht. Ich muß nur die Augen zumachen, und das Doktorhaus in Gaaden ist da. Es ist früh am Morgen, eine buntscheckige alte Katze, wegen ihres Alters »die Pfründnerin« genannt (sie kann gar nicht so alt sein, denn Deine Mutter hat gesagt, daß sie erst voriges Jahr wieder Junge gehabt hat), kommt und weckt mich auf, indem sie mir mit rauher Zunge das Gesicht ableckt. Über dem Tisch im Zimmer hängt eine Lampe, die ein technisches Wunder ist: Man kann sie höher und tiefer ziehen. Am Fenster summen und sterben Fliegen. Es liegen immer viele tote Fliegen auf dem Fensterbrett (warum? D.D.T. ist doch noch nicht erfunden?). Deine Mutter füttert die Hühner. Dein Vater erzählt mir eine Geschichte, die er sich eben ausgedacht hat, wie er mit irgendwelchen unmöglichen Geschossen eine Pistole geladen und Bisamratten geschossen hat, die es angeblich am Bach hinter der Wiese gab. Diese kriegerische Handlung verbindet sich in meiner Vorstellung irgendwie, obwohl ich mir nie klar darüber werde, wie eigentlich, mit der ›Burg‹ des Herrn Bosel (ich glaube, er hieß so, irgendein reicher Mann, der auf einem Hügel ein Schloß im Stil einer mittelalterlichen Burg besitzt). Diese Burg ist ein Wahrzeichen, genauso gut wie Rauhenstein und Rauhenegg im Helenental. Es weht dort meistens eine Fahne vom Turm.

Und hinter dem Haus der Hühnerhof, aufgescharrte Erde und einmal ein totes Kücken, schon halb von Würmern zerfressen, eine traurige Erinnerung. Und ein anderes Kücken, genannt *Hans Huckebein, der Unglücksrabe*, das von den anderen Hühnern gepeckt und von Deiner Mutter bewacht wird. Ich glaube, es ist dennoch bald gestorben.

Und hinter dem Hühnerhof die Wiese mit großen, wildwachsenden, weißen Blumen, höher als ich, und mit gelben Blumen, und mit blühendem Klee, mit Libellen, Heuschrecken und Schmetterlingen. Einmal habe ich einen Schmetterling gefangen und halbzerdrückt in meine Tasche gesteckt. Kindlich grausam. Als er sich befreien wollte, sagte ich zu ihm: »Nein, mein Kind, das geht nicht so geschwind.« Also offenbar genau das, was man mir ein andermal gesagt haben mußte. Und zerquetschte ihn noch weiter. In diesem Augenblick bekamst Du mich zu fassen. Du erzähltest mir, wie die Mutter dieses Schmetterlings jetzt zuhause mit dem Essen vergeblich auf ihn warten wird, aber er kann nie mehr heimkommen, denn er ist so verwundet, daß er jetzt sterben muß... Mittlerweile weinte ich schon; dann hast Du mich gezwungen, den halbtoten Schmetterling ganz und gar zu zertreten. Ich habe nie mehr ein Tier gequält, aber viele Jahre später habe ich mir den Kopf zerbrochen, ob diese Geschichte mit der Mutter und dem Essen notwendig war. Kinder sind grausam genug, und das Leben und Sterben ist arg genug, und es ist noch ein Segen, daß wenigstens die Schmetterlinge keine Mütter haben, die verwaist auf sie warten.

Und hinten auf der Wiese gab es ein Wespennest, und noch weiter hinten gab es den Bach, in dem wir Kinder einen Damm zu bauen versuchten, damit man ein Bad nehmen kann; Dorfkinder, und auch zwei Kinder aus Wien, ich kann mich nicht mehr ganz deutlich erinnern, aber ich glaube, der Vater war Richter. Ich glaube der Junge hieß Helmut und das Mädchen hieß Trude: oder irgendein Name, der mit Trude zusammengesetzt war. An ihren Namen kann ich mich wirklich nicht mehr erinnern. Beide waren viel älter als ich. Aber eigentlich war dieses Mädchen ein großer Konflikt in meinem Leben, denn ich war heimlich ein wenig in sie verliebt; aber in Wirklichkeit und vor allem liebte ich doch Dich! Weißt Du noch, wie Du Dir einmal die Haare abschneiden ließest und ich dann wütend erklärte, jetzt heirate ich Dich nicht mehr. Und weißt Du noch, wie Du einmal Kopfweh hattest und ich zum Ergebnis kam, sie seien nervöser Natur, und also selbst so raffiniert Schmerzen zu heucheln begann, daß Du über der Sorge um mich Deine eigenen Kopfweh vergaßest (ich weiß sehr wohl, daß man das Wort Kopfweh nicht so konstruiert, aber damals in Österreich wurde es immer mit dem Plural konstruiert, die Kopfweh, die Zahnweh …).

Und der Anninger, vor dem ich Angst hatte, und die erste Begegnung mit Pilzen; Parasolschwämme, Eierschwammerln, Reizker. Und der lange Weg mit Deinem Vater zu einer Leichenbeschau, und der furchtbare süßliche Geruch des halbverwesten Selbstmörders aus der kleinen Totenkammer …

Fini, ich könnte ein ganzes Buch schreiben, und Du darfst auch nicht glauben, daß die Erinnerungen des kleinen Kindes alle nur so ganz egozentrisch sind. Ich weiß, wie ich um Dich gebangt habe, ob Du es schaffen wirst, wirklich Schauspielerin zu werden. Kannst Du Dich erinnern, wie ich Dir aus einem Reclambüchlein Egmont abhörte – Klärchen: »Ach ich frage ja nur, ob er mich liebt. Und ob er mich liebt, ist das eine Frage?« Mir lag damals, wie Du weißt, sehr viel am Schauspielerwerden. Mein eigener Ehrgeiz hing auf das innigste mit Deiner Berufswahl zusammen. Erst als ich dann wirklich auf der Bühne stand und als Wunderkind herumgereicht wurde (und gelegentlich so ekelhaft war, daß ich mir dafür noch heute die Haare ausreißen könnte), hatte die Sache ihre eigene Dynamik.

Und Du hattest auch Schwestern. Camilla und Antonie, genannt »Dohni«, und wenigstens Camilla ist auch Schauspielerin geworden, und ich habe sie später noch einmal getroffen, als sie zu Besuch in Österreich war, denn sie spielte in Deutschland. Toni arbeitete, wenn ich mich recht entsinne, »in der Lackfabrik«.

Was ist aus all diesen Menschen geworden, Fini? Kannst Du, und willst du mir erzählen, nun, da ich glaube, Dir mit diesem Brief bewiesen zu haben, daß Du keineswegs eine verblaßte Erinnerung für mich bist, sondern ein sehr wichtiger wirklicher Mensch. Was ist aus Dir geworden, aus Deiner Familie? Hast Du Kinder? Wenn ja, was machen sie? Ich muß es Dir eigentlich doch gar nicht eigens sagen, aber, nur damit Du dessen ganz und gar sicher sein kannst: Was Du mir bedeutest und wie gern ich Dich mag und immer mögen werde, solange ich lebe, das ist vollständig unabhängig davon, was Du in der Zwischenzeit erlebt, gedacht und getan haben magst. Es gibt keinerlei politische Grenzen für so einen elementaren Lebensinhalt. Du warst der erste Mensch in meinem Leben, der Liebe, Güte, Schönheit, Menschenwürde und (ich meine das in einem gar nicht kitschigen Sinn!) Reinheit in sich vereinigt hat. Daher einer der heilsamsten Einflüsse in meinem Leben.

Meine Mutter lebt noch. Sie ist gar nicht alt, 62. Meinen Vater haben die Nazis umgebracht. Meine Großmutter höchstwahrscheinlich auch. Ganz genau läßt sich das nicht feststellen. Meine Mutter ist hier in London, wohnt nicht weit von mir. Hat sogar einen

Freund, mit dem sie lebt, der aber in letzter Zeit sehr alt und krank wird. Ich bin zum zweiten Mal verheiratet und habe zwei Kinder. Beides Jungen. Der ältere ist vierzehneinhalb Jahre alt, der kleine sieben Monate. Ich bin Dichter, Schriftsteller, Übersetzer geworden. Obwohl ich nur in meiner Muttersprache schreibe, habe ich mich ganz gut durchgesetzt und bin zum mindesten in Westdeutschland nicht mehr unbekannt.

Das ist alles. Nun mußt Du schreiben. Ich will alle Fragen beantworten, soweit mir das möglich ist, und ich muß nicht dazu sagen, daß Du in jeder Hinsicht auf mich zählen kannst, soweit dies in meiner Macht steht.

[Erich Fried]

Mit Fini in Gaaden bei Wien

Erich Fried an Elias Canetti
19. Dezember 1959

LIEBER ELIAS CANETTI!

Ich muß Ihnen schreiben, um zu sagen, wie sehr mich der Vorabdruck über das Ergreifen, Einverleiben und Essen erschüttert hat – vielleicht noch mehr als der über den Überlebenden, obwohl der auch großartig war. Aber das – ich konnte einfach nicht davon loskommen! Es ist überaus gut von Ihnen gewesen, daß Sie mir nicht nur so viel Zeit geschenkt haben, wie immer Zeit gedrängt voll nützlicher und augenöffnender Hinweise, sondern daß Sie mir auch diesen Vorabdruck geschenkt haben.

Wie sehr mich das berührt, kann ich am besten klar machen, wenn ich Ihnen hier ein kurzes Gedicht aufschreibe, das ich etwa 1945–46 gemacht habe, also knapp nach Ende meiner kommunistischen Zeit, als ich mich wieder selbst mit allem zu befassen hatte und als das Vernachlässigte von allen Seiten auf mich eindrang. Ich schrieb damals eine Zeitlang immer in »Ablauten«, hauptsächlich von Wilfred Owen angeregt. Also hier:

Die Verzehrung

Hinter den Lippen Mauern mit Zeilen von Zinnen,
Und ihr Knirschen ging ihm durch Mark und Bein.
Schon aber zuckte er zwischen zornigen Zähnen,
Und sein Blut brach in den Mund sich Bahn.

In roten Fällen rann es hinab in den Rachen,
Als er den Weg nahm, von dem man nicht wiederkommt.
Seine Zahnreihen waren berechnende, reißende Rechen.
Er selbst war das Erntemahl, mehlig, von mächtigen
Zinken durchkämmt.

Blutabwärts schwamm er in sich mit zerbissenen Sehnen
Und sah den Gaumen nicht mehr, sein drohendes
Firmament.
Dumpf durch den Puls drang noch Lachen von seinen
Söhnen.
Da lachte er mit. Er lachte aus vollem Mund.

Auch das Gedicht *Schöpfungen* (p. 8 in meinem Bändchen) gehört hierher. Die Vertauschbarkeit von Klauen und Zähnen hat mir immer viel bedeutet. Ich habe auch Gabeln als »Vorzähne« betrachtet, besonders in meinen Notizen über »einsames Verhalten«. Es gibt viele Menschen, die, wenn sie allein sind, auf Messer und Gabel verzichten, besonders auf die Gabel, und Essen mit den Zähnen abreißen und zerfleischen (z. B. sagte mir das einmal Kramer von sich).

Zu Ihren Beobachtungen fiel mir noch ein ganzer Schwall von Beobachtungen und Erinnerungen ein, z. B.: Auch Gitter (Gefängnis, p. 808) sind ja Zähne, das Gehege der Zähne. Beim Fallgitter sehr deutlich.

Kotentleerung ist natürlich bei den Studien über einsames Verhalten besonders wichtig, da die Menschen ihre Gewohnheiten nicht miteinander vergleichen und z. B. der Mensch, der regelmäßig 16 Stück Klosettpapier verwendet, das für genauso normal hält wie der Mensch, der 2 verwendet. Als Beispiele für Beziehung zwischen Kot und Macht fielen mir z. B. die Gewohnheit von Schränkern ein, in der erbrochenen Kasse einen Haufen zu hinterlassen, sowie die Landstreichergewohnheit, wenn sie in einem leerstehenden Haus übernachten, nicht etwa den Abort zu benutzen, sondern sich mitten im schönsten Zimmer zu entleeren. Ich fand das immer wieder auf meinen Beutezügen durch leerstehende Londoner Häuser 1938–40.

Auch Ernst Jünger scheint von dem Zusammenhang zwischen Macht und Gestank etwas geahnt zu haben. In den *Marmorklippen* schreibt er nach Entdekkung der Schinderhütte von den »Stankhöhlen übelster Sorte«, die die Grundlagen seien, auf denen die stolzen Schlösser und Burgen der Tyrannis sich erheben. (Ich finde übrigens, daß Burgen merkwürdige Wesen sind, deren tiefster Schlund zugleich Ausscheidungsorgan ist: das Verlies.)

Essen mit den Zähnen oder mit Messer und Gabel: So wie Werkzeuge den Körper überhaupt erweitern, auch hier: Die Zinken sind längere, spitzere Zähne, das gilt sogar auch vom Messer.

Machtgehaben und Kot beleuchtet auch das Götzzitat. Über den Meistesser: Das Plakat mit Dr. Erhard bei den letzten Wahlen in der Bundesrepublik. Das Auftrumpfen Goebbels mit Görings Wohlgenährtheit, gefolgt von den Worten: »Ich – ja, ich habe auch einen guten Appetit, aber mir schlägt es eben nicht so an.« Kein Zufall ist auch das Wort Machtfülle.

[...] Es ist ein ungemein befreiendes Gefühl, zu lesen, was Sie da schreiben! So viele Ansätze eigenen Denkens, einsamer Notizen, Gedankenverbindungen, bei denen man manchmal gar nicht weiß, ob man nicht völlig auf dem Holzweg ist, werden plötzlich bestätigt, und nicht einfach bestätigt, sondern verhundertfacht und im Zusammenhang erklärt ... Ich bin schon sehr erregt bei dem Gedanken an dieses Buch!

Einen einzigen Zweifel hatte ich: Beim Potlatsch der Indianer der nordwestlichen Ebenen spielte doch außer dem zerstörenden Aspekt des Essens wohl noch vieles mit? Wirkt es nicht hier etwas mißverständlich, wenn nur dieser eine Aspekt dasteht? Oder kommt Potlatsch noch anderen Ortes in dem Buch vor?

Aber das fällt nicht ins Gewicht. Ich erwähne das nur, um nicht einfach Ihnen gegenüber in Heldenverehrung zu versinken, wozu ich an sich gar kein Talent habe; aber ich glaube, daß Ihr Buch jede andere Haltung sehr schwer macht.

Nochmals besten Dank –
und viele schöne Grüße
[Erich Fried]

Erich Fried an Hans Pollak
13. Mai 1961

Lieber Herr Doktor Pollak!

Es ist schön, von Ihnen zu hören, und hoffentlich haben Sie ebenso schönes Wetter wie wir hier in London. Für Ihre Tätigkeit in Australien verwenden Sie die Worte »in partibus in fidelium«. Wo aber sind denn heute die fideles? (Mit Ausnahme Fidel Castros, was wieder etwas anderes ist). Mich erinnert das an eine Geschichte von Polgar, in der eine Familie über die Emigration berät. Ich glaube, es war Australien, das erwogen wurde, und die alte Mutter sagt: »Das ist doch so weit« und wird gefragt, »weit von wo?«

Die Eliot-Kritik von Herrn Torberg ist ja sehr witzig, ebenfalls fidel, aber man hat nicht das Gefühl, daß dieser selbstgefällige Schmock besser weiß, wo Gott wohnt und was Dichtung ist als der alte Eliot. Bin ja ganz seiner Meinung, daß der verdiente Staatsmann nicht gerade Eliots bestes Stück ist. »Murder in the Cathedral« und »Family Reunion«, und wohl zum Teil auch noch die »Cocktailparty« haben mir besser gefallen. Aber so einfach ist es auch nicht. Und, komisch, so oft Torberg besonders witzig werden will, wird er schäbig gemein. Aber das soll doch auch sonst seine Schwäche sein.

Meine Adresse hat sich geändert. Die neue steht auf dem Briefkopf. Ein Haus mit großem Garten, Obstbäumen, Beerenbüschen – Gemüse und Schnittlauch. Blumen, Rasen, Rasenmähpflicht usw. verstehen sich von selbst. Und ich bin kein Engländer, der so etwas gerne tut. Einstweilen ist mein Schwiegervater zu Gast hier und stürzt sich auf all das, während ich schreibe. Vor etwa einer Woche hätte meine Frau ein zweites Baby bekommen sollen. Ich hoffe also, daß es schon da sein wird, wenn dieser Brief Sie erreicht. Das andere ist zwei Jahre und neun Monate.

Vor einiger Zeit ist mein Roman (der kein Roman ist) erschienen. Ich schicke Ihnen mit gleicher Post ein Exemplar. Er ist an vielen Stellen, sogar im »Times Literary Supplement«, sehr gut besprochen worden, gelegentlich auch wütend verrissen. In England erscheint er bei Rupert Hart-Davis, in Amerika bei Alfred Knopf, in Frankreich bei Gallimard. Mittlerweile habe ich ein Drama geschrieben, das ich in den nächsten Wochen korrigieren und ins Reine schreiben werde. Außerdem ein Hörspiel. Außerdem viel kurze Prosa und eine Menge Gedichte. Einige Theaterstücke habe ich übersetzt, aber mit der Zeit hoffe ich doch mehr Zeit für meine eigenen Arbeiten zu gewinnen.

Das wäre alles, was es vom Schreiben zu berichten gibt. Denn Einzelheiten, Berichte über einzelne Veröffentlichungen und Probleme würden den Rahmen eines Briefes sprengen. Leider bin ich nicht davon überzeugt, daß unsere Zivilisation noch zu retten ist. Daher glaube ich auch nicht daran, daß die Dichtung und die Kunst überhaupt wirklich helfen können, obwohl sie das sicher mehr können als die Politik an sich. Weil ich kleine Kinder habe, habe ich große Angst vor einem Krieg. Diese Angst hat sich durch Kennedys Verhalten in der Kuba-Affäre gesteigert. Ich hätte von ihm besseres erwartet. Aber von diesen Dingen lieber nichts weiter, das wird sonst ebenfalls endlos.

Zu meinem Buch nur eines: Es hindert mich nicht daran, die schäbige Haltung Dr. Adenauers und der CDU gegenüber den Menschen, die zu Hitlers Zeit emigriert waren, zu verurteilen. Im übrigen – das Buch geht nicht von einer politischen Konzeption aus, sondern verläßt sich höchstens darauf, daß das, was man ehrlich empfindet und denkt, politisch nicht ganz falsch sein kann. Politische Erwägungen haben mich beim Schreiben eher gehindert als gefördert.

Sie tun recht daran, lieber Dr. Pollak, im Brief Ihr Alter anzugeben. Es hilft Ihnen aber nichts. Sie werden nicht alt im Sinne von veraltet. Es gibt einige Menschen, wie hier in London meinen Freund Dr. Bruno

Adler und doch offenbar auch Bertrand Russell, die irgendwie gegen das Veralten immun sind. Und Sie haben ja auch besonders gut und frisch ausgesehen, als ich Sie zuletzt hier in London sah.

Einstweilen viele schöne Grüße und alles Liebe
Ihnen und Ihrer Frau!
Auf Wiedersehen und auf Wiederschreiben.
Ihr
[Erich Fried]

Erich Fried an Peter Zadek
14. Februar 1963

Lieber Peter!

Du bist – wenn das überhaupt möglich wäre – schon fast so ein schlechter Briefschreiber wie ich. Ich war natürlich dankbar und erleichtert, als ich Dein Telegramm bekam, aber nun wüßte ich schon gerne, was weiter geschieht. Aus mehreren Gründen.

Erstens sind mir natürlich noch dutzendweise Textverbesserungen eingefallen, und auch Alternativvorschläge, die gar nicht notwendigerweise besser als der bestehende Text sind, aber vielleicht mundgerechter, vielleicht, wo es sich um ein Detail handelt, leichter sinkbar, vielleicht einfach Dir sympathisch.

Dann brennt mir eine andere Frage auf der Seele: ich persönlich glaube zwar ebenso wie Du mehr an das Wiegen der Hauptakzente als an das pedantische Silbenzählen. Shakespeare selbst hat sich um die Reinheit seiner Blankverse keinen Deut gekümmert (Pfifferlinge waren damals noch nicht gültige Währung), aber weil die guten Deutschen ihre poetischen Begriffe so sehr lieben, empfiehlt es sich vielleicht doch, der Form genauso treu zu bleiben wie Shakespeare selbst. Zum Unterschied von Schlegel, der grammatikalisch und in der Wortstellung oft mühsam laboriert, um alles in gehör'gen Vers zu bringen, finde ich, es ginge ganz leicht. An einigen Stellen im Text hast Du ja meine Aussprache-Bezeichnungen gesehen, Greuel, mit einem Bindebogen, wird eben fast wie Greuel gesprochen. An anderen Stellen müßte man einige Worte ändern. Doch will ich erst wissen, wie Du prinzipiell zu allem stehst.

Außerdem, lieber Peter, als ich das Zeug noch nicht übersetzt hatte, hatte ich schwere Bedenken, im *Theater von Heute* eine Lippe zu riskieren. Jetzt aber gilt natürlich: je mehr Propaganda, desto besser! Merkur in München (Paeschke) und verschiedene Nachtprogramm-Menschen stellen schon Fragen, wollen Textproben, Gespräche usw. darüber. Das wäre viel leichter, wenn ich wüßte, wie die Dinge in Bremen stehen, und wenn wir uns auf eine halbwegs endgültige Fassung einigen könnten. Wenn Du mir z. B. schriebest, welche meiner Marginalalternativen Du nimmst und welche nicht, oder wenn Du bereit wärest, Dir eine weitere Liste von mir durchzusehen. Wann beginnen eure Proben? Wann kriege ich eines eurer Rollenbücher? Soll die Veröffentlichung die Szenenangaben der Cambridge University Press-Ausgabe von Quiller-Couch und Dover Wilson enthalten? Wann soll die Premiere stattfinden?

Du weißt, daß nächstes Jahr irgendein riesiges Shakespeare-Jubiläum ist. Ich vergesse, ob es sich um den 500. Geburtstag oder fünfhundertsten Todestag handelt. Aber vielleicht möchtest Du aus diesem Anlaß noch ein anderes übersetzt haben. Der hiesige *Lear* könnte Dir wahrscheinlich Lust machen.

Und, Peter, wie ist es mit anderen Fragen: hast Du dem Fred Marnau schon seine Herzogin von Malfi zurückgeschickt oder geantwortet, er ruft mich deshalb an? Hast Du die Stücke, die meine Freundin Zora von diesem Mann Zioghas (ein Grieche) übersetzt hat, angeschaut? Läßt sich damit etwas tun, oder hast Du Vorschläge, wo sich etwas damit tun ließe? Wenn nicht, schick sie mir um Gottes Willen zurück! Und sag mir nochmals, wer Deiner Meinung für eine Aufführung meines Grabstücks »Delver macht die Erde wohnlich« infrage käme, welches ich mittlerweile bearbeitet habe, aber das natürlich immer noch genauso morbid ist, wie es war. Für Italien und Skandinavien, ja sogar für Polen scheint es schon Möglichkeiten zu geben, aber mich interessiert natürlich Deutschland besonders.

Das Wichtigste aber ist natürlich nach wie vor der Sommernachtstraum. Hast Du meine Alternativfassung für Zettels Lied in meinem Brief vom 10. 1. 1963? Ich halte die Fassung in diesem Brief mit anschließender

Prosa für wesentlich besser. Andere Korrekturen sehen etwa folgendermaßen aus: 3. Akt, 2. Szene, Seite 18 (vervielfältigter Text) unten die letzten Worte des Demetrius:

Daß ich auf dieses kalte Bett mich strecke
Du wart nur, bis ich morgen dich entdecke!

Oder Seite 19 Mitte, die letzte Zeile Hermias vor dem Einschlafen:

Dann kämpfen sie. – O Himmel, schütz Lysander

Oder am Schluß des 3. Aktes:
Eine Frage wie:
Soll es heißen
… und alles wird wieder gut
oder
… und alles geht gut aus.

Wie Du siehst, ich sehne mich nach Nachricht von Dir. Auch falls ich zu den Proben kommen soll, oder falls wir den Text zusammen durchhecheln sollen, muß ich das ein wenig vorher wissen, um mit dem BBC alles richten zu können.

Sehr schöne Grüße einstweilen.
Dein
[Erich]

[…]

Erich Fried an die Österreichische Botschaft in London
18. Juni 1964

Sehr geehrter Herr Dr. Blechner!

Schönen Dank für Ihren Brief vom 12. Juni. Die Scheidung ist Anfang dieses Monats in Dänemark erfolgt. Eine dänische Scheidungsurkunde habe ich. Ich habe im Augenblick keine Zeit, eine Übersetzung herstellen und beglaubigen zu lassen. Die Behörden in Österreich werden sich gedulden müssen, wenn sie sich noch immer nicht von der althergebrachten Dokumentitis erholt haben und meiner bloßen Versicherung, daß ich rechtskräftig geschieden bin, nicht Glauben schenken können. Aus dem ganzen Verhalten der Behörden in Wien würde man annehmen, daß ich mich demütig und auf den Knien bittend um die Wiedererlangung meiner Staatsbürgerschaft bemüht habe. In Wirklichkeit ist man an mich herangetreten. Ich möchte meine österreichische Staatsbürgerschaft sehr gerne zurückhaben, schon um damit ein von Hitler geschaffenes Faktum aus der Welt zu schaffen. Ich habe aber bisher nichts als Ärger, Scherereien und Mißverständnisse davon gehabt. So dringend ist es mir wieder nicht.

Ich weiß, daß das nicht Ihre Schuld ist und bleibe
mit sehr schönen Grüßen
Ihr
[Erich Fried]

Erich Fried an Hans Werner Richter
12. Januar 1965

Lieber Hans Werner!

Schönen Dank für Deinen Brief. Natürlich möchte ich gerne an dem Band mitmachen. Bitte sag mir, wie lang das sein soll.

Zum Beitrag selbst: Natürlich kann ich, da ich zwar Mitglied der Labour Party bin, aber keinen Rang in ihr bekleide (und auch in vieler Hinsicht bei näherer Betrachtung wohl gar nicht liniengetreu bin), keinen offiziellen Artikel schreiben, sondern nur einen subjektiven. Andererseits aber will man natürlich nicht zu subjektiv sein, vor allem nicht aufreizend subjektiv. Der Sammelband soll ja erstens nützen und zweitens kein gefundenes Fressen für gegnerische Propaganda sein. In diesem Zusammenhang habe ich mich sogar gefragt, ob ich nicht als zu links gelte, aber das mußt Du besser beurteilen können, ich glaube im großen und ganzen doch wohl nicht.

Wen will der Band hauptsächlich ansprechen? Jene linken Intellektuellen, die sonst vielleicht aus Blasiertheit gar nicht oder irgendeine linke Splittergruppe wählen, oder Menschen, die zwischen SPD und CDU oder FDP stehen und deshalb, wenn man sie nicht zur SPD herüberzieht, entweder aus Ratlosigkeit gar nicht oder eine dieser beiden anderen Parteien wählen könnten. Es wäre schon gut, das zu wissen, oder soll die Veröffentlichung auf keinen besonderen Sektor der Wählerschaft »gezielt« sein, sondern einfach an sich das Prestige der SPD heben? Dann muß ein sozusagen distanzierter, sachlicher Ton bei einem Beitrag aus England vorherrschen. Auf jeden Fall würde ich meinen Beitrag bald zu schreiben versuchen und Dir sehr rechtzeitig einschikken, sodaß du Zeit hast, Änderungsvorschläge zu machen, denn ich denke, die Nützlichkeit ist da wichtiger als der Autorenstolz. Also bitte antworte mir darauf.

Du schreibst »Wie ist es mit Hamburger?« Ja, ich mag ihn auch gern, ich kann mir auch denken, daß es gut wäre, ihn zur Gruppe einzuladen [...]. Willst Du denn, daß er auch einen Beitrag zu diesem Taschenbuch schreiben soll? [...] Vielleicht wäre, wenn Du Engländer suchst, ein Mann wie Wayland Young, der sich vielleicht auch als Lord unterschreiben könnte, der er ja ist, praktischer. Dies nur ganz beiläufig gesagt, denn Deine Frage, wie es mit Hamburger ist, habe ich mir nicht genau interpretieren können.

Und nun zum Problem Gruppe 47. [...]

Günter Eich war hier und sagte, er und Ilse würden wohl nicht mehr zur Gruppe kommen, sie hätten das Gefühl, die Generation, zu der sie in der Gruppe gehörten, sei schon nicht mehr da, obwohl es für jüngere oder für später erst gekommene wie mich gut und sinnvoll sei. Ich versuchte, heftig dagegen zu argumentieren, auf die Notwendigkeit der Kontinuität hinzuweisen, auch auf die Fortsetzung der Anliegen der Gruppe, denn gar so sehr gesichert sei die Überwindung der Vergangenheit in Deutschland noch lange nicht. Das gab er zwar zu, wollte aber doch nicht mehr. Das ist ein Thema, das mich eigentlich sehr bedrückt. Ich finde, es ist sehr traurig, wenn die Journalisten der Gruppe Jahr für Jahr die Abwesenden vorrechnen, obwohl einige von ihnen gar nicht abwesend sind, sondern sich nicht mehr dazurechnen. Und natürlich, daß dieser Vorgang keine Gegnerschaft, keine Feindschaft bedeuten muß, würden die Journalisten nie glauben wollen. Wenn man von äußeren Erwägungen ausgeht, müßte man versuchen, schon deshalb diese Abwesenden zu überreden, wieder zu kommen. Der literaturkritische Gewinn allerdings ist eine ganz andere Sache. Da haben die meisten der Abwesenden ihren Beitrag schon durch die wohlbekannte Eigenart ihrer Arbeit fast so deutlich geleistet, als wenn sie in der Diskussion mitsprächen.

Hilde Domin war auch in London und hat über die Gruppe geschimpft, daß man sie nicht eingeladen hat.

Sie hat so heftig über die Gruppe geschimpft, daß der Chef des deutschen Kulturinstituts, Baron Hirsch, die Gruppe lebhaft verteidigt hat. Auch ich habe mich etwas ereifert, was vielleicht das sprichwörtliche Ende einer schönen Freundschaft bedeutet.

Sonst habe ich im Augenblick nichts zu sagen. Meine Warngedichte hast Du doch? Seither erschien bei S. Fischer mein Sommernachtstraum und bei Hanser, zu Weihnachten, mein marxistischer Gedichtzyklus *Überlegungen* (Marcel bemerkte, es sei immerhin eine sinnige Weihnachtsgabe, die einem Kommunisten gewidmet ist und als Motto ein Zitat aus der Internationale trägt). Hast Du die Überlegungen? Sonst lasse ich sie Dir schicken. Auf der nächsten Tagung würde ich immer noch gerne eine Dramalesung haben, aber wenn das nicht geht, so habe ich auch ein oder zwei neue Arten von Gedichten. Nun, einstweilen viele schöne Grüße und Dir und Toni alles Gute zum Neuen Jahr!

Dein
Erich

Ich sehne mich schon nach der nächsten Gruppentagung, und Peter Weiss und ich sind nicht die einzigen, die das tun.

Erich Fried an Klaus Wagenbach
18. Juni 1970

Lieber Klaus!

Es tut mir leid, daß Du, wie du sagst, zwei Tage an das Aussortieren der Gedichte und das Verfassen Deiner Liste gehängt hast, denn ich halte den Nutzwert für sehr gering. Natürlich, trotz aller Meinungsverschiedenheiten sah ich und sehe ich mir jedes Argument, jeden Vorschlag, vor allem auch Titelvorschläge, im Manuskript genau an. Aber die Meinungsverschiedenheiten sind so groß geworden, daß nur noch gelegentlich etwas dabei herauskommt.

[…]

Und nun doch noch einige Worte zum Konflikt. Ich verstehe eigentlich nicht, wie Du in diesem Ton schreiben konntest, da Du doch aus einem Brief von mir und einigen Telefongesprächen wissen mußtest, wie ernst ich die Sache nehme. Ich weiß nicht, ob Du Dir darüber klar bist, wie deprimierend es ist, weniger den Brief als die Liste in solchem Ton lesen zu müssen. Bei aller Scherzhaftigkeit, betonten Vernachlässigung bürgerlicher Umgangsformen, bei allem Verständnis für absichtliche Vergröberung um der Deutlichkeit und Kürze willen – – – bezweifle ich doch, daß man das darf. Nicht nur war meine erste Empfindung, daß man auf so einen Brief hin sich selbst oder den Schreiber umbringen müßte (keine Angst: wird nicht durchgeführt), sondern auch beim Nachdenken darüber und nach Erörterung Deiner Haltung mit Freunden kann ich nicht verstehen, was da eigentlich vorgefallen ist. Woher diese bornierte Selbstsicherheit, die etwa das Gedicht *Edler Wettstreit* mit Ichichich … kommentiert und nicht gesehen hat, daß es gerade diese Ichhaltung bitter angreift? […] Schulmeisternd oder engstirnig, überheblich oder unfreundlich wären ganz unangemessen schwache Bezeichnungen für viele Stellen Deiner

Liste und Deiner Briefe. Es geht doch auch nicht wirklich, daß man Dir erklärt, wie ich wegen der Fülle der Gedichte oft Gedichte ausfallen ließ, weil sie nicht zu denen gehörten, die Du besonders mochtest, wie das aber natürlich *nicht* hieß, daß ich von der Minderwertigkeit der Gedichte überzeugt war. Obwohl Du das am Telefon gehört und darauf reagiert hast, es also zur Kenntnis genommen hast, staunst Du jetzt wieder, wenn ein Gedicht auftaucht, das Du schon einmal aussortiert hast. Es wäre vielleicht nicht so praktisch, nach der Revolution dort Schriftsteller zu sein, wo du tonangebend bist.

Ich bin sehr besorgt um die Zukunft. Nicht nur um meine literarische Zukunft, obwohl mir der Gedanke, daß dieses Mißverständnis oder diese Auseinanderentwicklung so bleibt, schwer aufs Herz fällt und ich auch nicht wirklich sehe, wie man Gedichtbände (und nicht nur *Gedicht*bände; obwohl wir uns in anderem ja noch zu verstehen scheinen, gibts auch da schon Meinungsverschiedenheiten) später auf dieser Basis weiter veröffentlichen kann.

Meine Erklärungen sind relativ einfach: ich glaube, Du bist vergiftet von der auf die Dauer unerträglichen Atmosphäre Berlins, die Ulrike dazu verführt hat, den Unsinn von Roter Armee zu verzapfen und Deinen lyrischen Geschmack lächerlich eng macht, so daß kein Denken und Empfinden mehr geduldet wird, das nicht in den engsten Arbeitsbereich paßt, sondern ausbrechen oder vorwegnehmen will. Dafür bist Du dann der Meinung, daß ein Gedicht wie »An eine Zionistin« [das ich für zu *schwach* halte!] hineinkommen kann. Vielleicht aber ist es auch meine Schuld, daß ich zu lange und zu widerspruchslos mitgemacht habe, statt rechtzeitig Einspruch zu erheben und zu argumentieren. Jedenfalls, so gehts nicht!

Es wäre hysterisch und übertrieben, diese Depression mit der zu vergleichen, die mir die Enttäuschung über den Stalinismus in den ersten fünf Jahren nach dem Zweiten Weltkrieg vermittelt hat. Es ist aber doch, so unwahrscheinlich das klingt, irgendein vergleichbarer Faktor darin. Ich glaube auch nicht, daß es sich dabei nur um Deine *persönliche* Härte oder Unzulänglichkeit oder Überheblichkeit gegenüber Arbeiten anderer Menschen handelt, sondern ich glaube, daß irgendetwas, was Du nicht erkennst und einschätzt, Dich so funktionieren macht. Und mein Verdacht ist, daß dieses Etwas nicht so grundverschieden von dem ist, was in der Bundesrepublik, besonders aber in Westberlin viele intelligente und tapfere Leute zu politischen Irrsinnserscheinungen veranlaßt.

Ich kann im Augenblick nicht mehr sagen.

Traurige Grüße
Dein
Erich

PS
[...] Bei *diesem* Gedichtband halte ich es für notwendig, daß Du Dich nicht mehr engagierst, ärgerst oder ins Mittel legst (freundliche Umschreibung für Einmischen), außer wenn ich vielleicht spezifisch bei einem oder zwei Gedichten Dir die Wahl lasse oder die Frage stelle, welches von beiden Du lieber an der betreffenden Stelle hättest. Wenn Dich das stört, mußt Du auch das nicht tun.

Nochmals schönen Gruß – das mit den unliterarischen Hintergründen Deiner Haltung meine ich ganz im Ernst. Gegen unliterarische Hintergründe ist nichts einzuwenden, aber ich glaube sie entspringen einem falschen Bewußtsein und allerlei Überkompensationen.

Erich Fried an den »Spiegel«
London, 1972

Sogar ein Diether Posser wird fadenscheinig, wenn er sich mit einem Staat unserer Spielart und seinen tatkräftigen Dienern identifiziert. Zwar formuliert er trotz institutionsgläubigem Staatsoptimismus fachmännisch, das heißt juristisch abgesichert, aber seine Argumente, die er für sachlich hält, sind verdinglicht, entfremdet.

Der von ihm kritisierte Heinrich Böll ist feinfühliger, ehrlicher. Hätte je Böll Horst Mahlers Freispruch als Beweis für »faire« Justiz angeführt und dabei, wie Posser, zu erwähnen vergessen, daß Mahler auch nach dem Freispruch nicht freigelassen wurde? Das ist juristisch irrelevant, menschlich nicht. Auch etwas wie Possers langen (hier gekürzten) Satz »Die Polizeibeamten ... handeln im Auftrag der im Staat organisierten Rechtsgemeinschaft unseres Volkes« hätte Böll höchstens geschrieben, um den ewig ähnlichen Staatsgesinnungsschwulst vor, unter und nach Hitler damit zu parodieren, aber doch kaum in vollem Ernst! Wurde auch Petra Schelm »im Auftrag der im Staat organisierten Rechtsgemeinschaft unseres Volkes« durch den Kopf – statt etwa durch die Hand – geschossen? Und Georg von Rauch, der weisungsgemäß die Hände hochhielt? Ihn hat Posser nicht einmal erwähnt, formaljuristisch mit Recht, in Wirklichkeit aber, da der Vorbeugemord an von Rauch mit zur Sache gehört, in der Posser sich zum Kritiker über Böll aufwirft, mit Unrecht.

Erkennt denn Posser seine Staats- und Rechtsgemeinschaftsdefinition wirklich nicht als solipsistisch, als Versuch, etwas der kritischen Fragestellung zu entziehen, indem er es wie ein Axiom in die Prämisse einschmuggelt? NRW-Minister Possers Voraussage fairer Prozesse, Frau Meinhof brauche nichts zu fürchten und so weiter, hat etwas vom Kindheitszauber der heilen Welt. Man sollte sie sich gut aufheben, dann kann man seine beruhigenden Prophezeiungen eines Tages vielleicht mit der Wirklichkeit vergleichen. Auch ich wurde einmal, als ich in zwei SWF-Sendungen gegen die völlige Kriminalisierung Ulrike Meinhofs und ihrer Freunde und gegen die offiziellen Menschenjagdlosungen und Weltkriegsvergleiche protestierte und als Folge solcher Methoden Tote auf beiden Seiten voraussagte, von Juristen und Optimisten zur Ordnung gerufen.

Die Toten gibt es jetzt. Ich fürchte, es werden mehr werden.

Erich Fried

Erich Fried an Heinrich Böll
5. Juli 1972

Lieber Heinrich Böll!

Schon oft seit Ihrem Brief vom 17. Mai – für ihn und für das Gedicht »Spaziergang am Nachmittag des Pfingstsonntags« sehr schönen Dank! – wollte ich Ihnen schreiben, aber ich wußte nicht, wo anfangen, und es geschah immer mehr. Nun versuch ich es doch.

Zuerst: Ihre Grüße an Rudi Dutschke (außer den Behörden sind Sie sicher der einzige Mensch, der ihn Rud*olf* nennt, allerdings aus dem ganz anderen und sehr sympathischen Grund, sich von den Massenmedien keine bedenkenlose Vertraulichkeit suggerieren zu lassen) habe ich bestellt, und er hat sich darüber sehr gefreut. Ihr Satz »Wenn es mir – einem doch ›nur‹ liberalen Bürger – schon so geht (außerdem noch ›berühmt‹!) – kann ich mir vorstellen, wie es andern ergeht und erging!« hat mich sehr nachdenklich gestimmt. Wenn der Bürger nicht nur *bourgeois*, sondern auch oder gar vor allem der *citoyen* ist, dann geschieht es ihm eben, daß er plötzlich gar nicht mehr als Bürger oder Mitbürger gewertet wird, sondern als Unruhestifter, Schreibtischtäter oder mindestens als gefährlicher Spinner. Auch die Liberalität wird ihm von allen, die den Lebensraum der liberté enger umschreiben wollen, als Unterstützung des Chaos angekreidet. So glaubt er, nur derselbe geblieben zu sein, ist aber von der Macht derer, die seine Gegner sind, längst umgemünzt. Selbst seinen Ruhm wollen sie umfunktionieren, so daß er nun nicht mehr berühmt, sondern berüchtigt ist. – Man darf auch wirklich nicht derselbe bleiben, um derselbe zu bleiben, wenn sich alles um einen her so verändert, – »zur Kenntlichkeit verändert«, sagt Ernst Bloch in solchen Fällen.

In diesen Wochen hatte ich immer den Wunsch, Sie viel besser zu kennen, um Ihnen wenigstens ein ganz klein wenig helfen zu können. Ich meine privat, nicht das, was man in Protesten, Leserbriefen, Reden, Aufmerksammachen ausländischer Journalisten ohnehin und automatisch tut. Dieses Helfenwollen hört sich leicht anmaßend und auch irgendwie zudringlich an. Ich bin schließlich einige Jahre jünger (geb. 1921), und wahrscheinlich glauben Sie auch, ich sei ein politisch ganz fester oder gar festgefahrener Charakter, der nun einfach agitieren will: »Warum machst du es nicht so wie ich«. Daran stimmt höchstens, daß ich zum Ausgleich für meine fehlenden Jahre vielleicht *ein wenig* mehr Erfahrung mit dem Engagiertsein in *jenem* Maße habe, das sich nicht mehr der wohlwollenden Toleranz jener erfreut, die damit auch ihre eigene Großzügigkeit bekunden wollen. – Das kommt in meinem Fall einfach daher, daß ich, als kurz nach dem Einmarsch Hitlers in Österreich mein Vater (der gar nicht politisch war) daran gestorben war, daß ihm ein Gestapomann in der Haft den Magen eingetreten hatte, beschloß, wenn ich lebend aus dem Lande komme, gegen diese Barbarei und alles vom gleichen Schlag zu kämpfen, solange ich lebe. Das habe ich seither zu halten versucht; es ist mir nicht immer gelungen, z. B. meine Enttäuschung über den Stalinismus hat mich schon 1944, besonders aber 1947/48 zeitweilig ganz davon abgelenkt. Was ich als Marxismus gelernt hatte, war auch ein so unphilosophischer Vulgärmarxismus, daß ich erst umlernen und zulernen mußte. Was aber meine Festigung durch all diese Erfahrungen betrifft, so sieht sie nicht so gut aus ... Ich weiß besser, wo*gegen* ich kämpfe als wo*für*. Ich glaube zu wissen, daß Sozialisierung der Produktionsmittel jedenfalls nötig wäre und daß die Gesellschaftsform von einer Art Rätedemokratie getragen sein müßte, aber wie man einen solchen Zustand erreichen kann, ohne daß die Kampfformen, die man zu diesem Zweck ausgebildet hat, selbst zu versteinern beginnen, das weiß ich höchstens ansatzweise, noch lange nicht gut genug, habe nur Freunde, mit denen ich mich um Koordinierung der nötigen

Forschungen und Herstellung der Vorbedingungen bemühe. Gides Wort von der größeren Vertrauenswürdigkeit derer, die die Wahrheit nur suchen, im Vergleich zu denen, die sie schon gefunden haben, ist da allerdings ein Trost, aber auch nicht *mehr*. Es ist zu leicht, sich sonst mit einigen eleganten Bemerkungen sein eigenes Elend zur besten aller möglichen Welten zurechtzurücken.

Da ich keine einfach zu propagierende Wahrheit gefunden habe, bin ich auch nicht in Versuchung, Sie, Heinrich Böll, für irgend etwas anwerben oder umfunktionieren zu wollen. Radikale Ansichten wie die meinen oder die teils etwas anderen Rudi Dutschkes kommen ja zum Glück in Wirklichkeit keineswegs von einer fanatischen oder eingleisigen Veranlagung dessen, der sie hegt. Auch den Kampf gegen die Barbarei, den ich mir nach dem Tod meines Vaters vorgenommen hatte, darf man nicht zu eingleisig verstehen. Zu diesem Kampf gehörte für mich zum Beispiel auch der Protest gegen die Hinrichtung der KZ-Wärterin Irma Grese aus Bergen-Belsen. Sie war noch nicht ganz 22, als sie gehenkt wurde, und in der Begründung des Todesurteils durch ihren englischen Richter hieß es unter anderem: »Die Tatsache, daß sie mit 15 Jahren gegen den Willen ihrer Eltern, gläubiger kleiner Bauersleute, dem BDM beitrat, zeigt schon die ganze Verderbtheit und Verworfenheit ihres Charakters.« Auch das war Barbarei, gegen die man kämpfen mußte, und schon damals sagte ich voraus, daß gerade diese Behandlung junger Menschen, die zu Werkzeugen des Systems geworden waren, den Weg für die spätere Wiederauferstehung der eigentlichen Barbarei, die man nicht durch Barbarei bekämpfen könne, ebnen werde.

Daß ich mit solchen Ansichten nicht besonders einflußreich werden könne, war mir klar, obwohl ich natürlich oft sehr gerne größeren Einfluß hätte. Und gerade in diesem Zusammenhang möchte ich so gerne etwas zu Ihnen sagen. Dies nämlich: Ich kann mir lebhaft vorstellen, welche Nervenbelastung Sie und Ihre

Frau zu ertragen hatten und haben. Aber dagegen können Sie doch *eines* stellen, was nicht nur helfen, sondern geradezu das, was man erleidet, in sein Gegenteil verkehren kann. Sie müssen sich nur so richtig klar darüber werden, daß die Schikanen, die gehässigen Angriffe, durch die die Angreifer sich nur selbst desavouieren, alles, aber auch wirklich *alles* sind, was man Ihnen antun kann. Man kann Sie weder einsperren noch erschießen. Man kann Sie weder vor der Welt noch vor den Deutschen (außer vor jenen Unglücklichen, die schon so gelenkt und zurechtgetrimmt sind, daß sie nur Werkzeuge ihrer Manipulanten sind, solange sie sich dagegen nicht auflehnen lernen) schlechtmachen. Man kann Sie weder finanziell ruinieren, noch Ihnen Ein- oder Ausreise verweigern. Man kann Sie weder zu einer Unperson machen noch Ihnen Dinge nachsagen, die Ihnen nicht zur Ehre gereichen. – Ihre Feinde haben nicht den geringsten Trumpf in der Hand, nicht einen einzigen, außer dem, Ihnen auf die Nerven zu gehen. – Je klarer Sie und Ihre Frau sich das machen, desto gründlicher muß dieses Machtmittel Ihrer Feinde versagen. Es ist fast, wie wenn man als Junge lernt, sich zu entspannen, so daß Kitzelversuche nicht mehr kitzeln. Nicht leicht, gewiß, aber lohnend. – Und in Ihrem Fall lohnt es sich noch unvergleichlich mehr, weil Sie die schäbige Absicht so leicht durchschauen können, daß es, wenn man sich in die rechte Verfassung bringt, geradezu lustvoll werden kann, sich dadurch nichts anhaben und – darauf kommt es vor allem an – sich dadurch von nichts abhalten zu lassen! Von nichts! Jedes Wort, das Sie wegen all der Angriffe schon gar nicht mehr sprechen, ist ein Verlust für Deutschland und für die Menschlichkeit und ist ein Triumph für die Gegner. Man braucht Ihre Worte. Dringend! – Man braucht den Essay und das Gedicht und die Prosa, die Sie gerne über das alles schreiben möchten... Und, lieber, guter Heinrich Böll, glauben Sie nicht, daß Sie in diesem Land wirklich nicht schreiben können. – Nein, das ist nur der Vorposten Ihrer

Gegner, der sich in Sie eingeschlichen hat, um Sie lahmzulegen (so wie ein Kind am tiefsten unter jenen elterlichen Unterdrückungen leidet, die es in sich aufgenommen hat). Nein! Gewiß, der Angriff ist da, und er zerrt so an Ihren Nerven, daß Sie keineswegs so schreiben können, wie Sie es vorher konnten, wie Sie es ohne diesen Angriff könnten. Nun gut, dann schreiben Sie eben, wie man es angesichts dieses Angriffs und ihm zum Trotz tun kann! »Ich habs gewagt mit Sinnen, und trag des noch kein Reu!« Auch wenn er ein Protestant war, der Ulrich von Hutten, das ist kein schlechtes Wort für einen, dessen Humanismus mit seinem rebellischen Katholizismus zusammenhängt.

Sie sind in der für einen einzelnen Menschen in unserer Zivilisation fast unglaublich glücklichen Lage, die Gegner ihres einzigen Trumpfes berauben zu können, indem Sie sich von ihnen nicht verwirren, zum Schweigen bringen oder nervlich ruinieren lassen. Freilich, dazu ist es auch nötig, daß Sie sich nicht vorspiegeln lassen, es lohne sich ja doch nicht. Das versuchen die anderen. Aber es lohnt sich! Jeder Mensch, der denkt, lohnt sich. Jedes Wort, das für einen Gefangenen gesprochen wird und das dieser in seiner Zelle liest!

Aus den Bemühungen um bessere Behandlung der Menschen hier in London, die Zusammenbrüche erlitten haben, weiß ich, daß man unendlich viel mehr Belastungen und Irritationen ertragen kann, wenn man weiß, daß es einen Sinn hat, daß es nicht umsonst ist. – Der Vergleich mit Menschen, die Zusammenbrüche erlitten haben, ist für einen Schriftsteller nicht wirklich beleidigend oder unzutreffend, nicht? – Und wenn Sie den Gegnern nicht den Triumph gönnen, manches Wort aus Ihrer Feder oder aus Ihrem Mund durch ihre schlechte Unermüdlichkeit verhindert zu haben, dann können Sie aus dem feindseligen Treiben geradezu eine Kraftquelle, eine Ermutigung werden lassen. Denn die haben in Wirklichkeit Angst vor Ihnen!

Der arme Engländer oder Schotte, den die Polizei vor etwa zehn Tagen in Stuttgart erschossen hat, natürlich in »Notwehr«, natürlich als »Mitglied des harten Kerns der B-M-Bande«, ist jetzt schon Anlaß, daß sich die Behörden bei den Engländern entschuldigen. Auch bei den Holländern, die man in ihrem Mercedes auf der Autobahn fast – ebenfalls in Notwehr – erschossen hätte, entschuldigten sich die Behörden. – Nun das waren oder sind Bürger westlicher Demokratien, die einstweilen noch… Aber für die Deutschen, die von der Polizei erschossen wurden, Politische oder aus Versehen Getötete, haben sie sich nicht entschuldigt. – Sie, Heinrich Böll, können dort Anklage erheben, wo sonst keiner mehr die breite Öffentlichkeit erreicht.

Wissen Sie, daß vor den Bomben im Springerhaus die RAF zweimal rechtzeitig angerufen und gewarnt hat, daß aber im Springerhaus Weisung von oben bestand, solche Anrufe nicht zu akzeptieren? (Ich lege eine Photokopie eines RAF-Schreibens bei, die ich in einer Nummer der *Roten Hilfe* abgedruckt fand). Das macht den Bombenanschlag zwar noch nicht zu einer richtigen oder guten Tat, aber es ist doch eine ganz andere Sache als ein Bombenanschlag ohne Warnung. Und Springer, dessen Vorschriften seine Arbeiter und Journalisten ungewarnt ließen???

Sie haben irgendwo den Angriff des Polizeipräsidenten Hübner von Westberlin auf Prof. H. Gollwitzer erwähnt. Gegen diesen analphabetischen und sackgroben Angriff habe ich an die *Frankfurter Rundschau* einen Protestbrief geschrieben, der aber *nicht* erschienen ist. Eine Kopie lege ich hier bei. Wenn *Sie* gegen so einen Angriff etwas schreiben, dann *wird* es veröffentlicht. Deshalb allein schon dürfen Sie sich die Kraft und den Mut nicht rauben lassen. Nicht einmal, bei aller Anteilnahme, den Gleichmut! Dann müssen Sie das eine oder andere in der Hitze des Gefechtes (!) gesprochene Wort auch nicht zurücknehmen, etwa daß Sie Ihre Bekannten der Polizei nicht »vorführen«, sondern nur »vorstellen« mußten. Eine Vorstellung, zu der Sie de facto genötigt wurden, ist in Wirklichkeit eine Vorführung, besonders wenn man bedenkt, daß Ihr Haus von der Polizei umstellt war.

Übrigens, mein Brief gegen Posser, den ich Ihnen damals als vom Spiegel noch unveröffentlicht beilegte, erschien dann [...] doch noch im Spiegel. – Die Polizeibeamten, von denen Dr. Posser geschrieben hatte, sie handelten »im Auftrag der im Staat organisierten Rechtsgemeinschaft unseres Volkes«, sind jetzt schon bei der Volksgemeinschaft unseres Rechtes gelandet, oder so muß man doch wohl auch den Geist eines Ausdrucks wie »unsere Volksfahndung« verstehen, den Bundeskriminalamtschef Dr. Horst Herold geprägt hat. Ich lege auch ein Gedicht *dagegen* bei, und eine Kopie der *Ablehnung* durch die Redaktion der *Frankfurter Rundschau*, die früher solche Gedichte von mir brachte, jetzt aber nicht, weil sie – von den Veranstaltern der ›Volksfahndung‹? – mißverstanden werden könnten. ???

Nicht nur die FR fürchtet, »mißverstanden« zu werden. Nein, so wie die SPD sich von Strauß und anderen Meinungsmultiplikatoren immer weiter von links abdrängen läßt, besonders um nun ihre ›Solidität und Glaubhaftigkeit trotz der Ostverträge‹ zu beweisen, lassen sich auch linke Intellektuelle wie der sonst ausgezeichnete Prof. O. *Negt* (von der Uni in Hannover, wohnhaft Frankfurt/Main) dazu verleiten, zu behaupten, mit der RAF habe die Linke nichts gemein. Nun, ich habe Theorie und Praxis der RAF von Anfang an scharf – und ausführlich – kritisiert. Aber zu leugnen, wieviel man mit einigen von ihnen trotz aller Ablehnung von so vielem an ihrer Theorie und Praxis doch gemeinsam hat – und vor allem früher, ehe sie zur RAF wurden, gemeinsam *hatte* –, das ist doch wieder die Haltung des Pharisäers gegen den Zöllner, ganz ähnlich, wie wenn sich die SPD nach rechts drängen läßt.

Ich lege deshalb diesem Brief außer dem Gedicht *Volksfahndung 1972* auch noch ein Gedicht *Die verirrten Genossen* (angeregt durch meine Bedenken gegen Negts Rede auf dem Angela Davis Kongreß, Frankfurt) [...] bei. [...]

Außerdem lege ich eine Geschichte (??) *Die Schneibarkeit* bei, die ich über den Tod Georg von Rauchs geschrieben habe.

Schließlich lege ich noch einen Brief bei (Fotokopie), den mir ein sehr harmloser und politisch keineswegs aktiver oder gar gefährlicher Schriftsteller und Filmgeschichtler, Ernest Bornemann, geschrieben hat, den ich aus der jüdischen Emigration in England kannte, zu der ja auch ich gehörte. Schon sein Briefkopf EBO-HAUS, ein Name, der ja offensichtlich aus Ernest und Eva Bornemann abgekürzt ist, zeigt etwas von ihm. Das war allerdings das einzige an dem Brief, worüber ich lächeln konnte... Haben Sie eine Idee, wie man ihm helfen kann? An die Leute in Österreich, die ich kenne, habe ich schon geschrieben.

So, und nun nur viele gute Wünsche und sehr
schöne Grüße – und, bitte, nehmen Sie mir den
langen Brief nicht übel.
Ihr
Erich Fried

[...]

Noch ein Nachtrag zu diesem Brief:
Das völlige Ablehnen aller wenn auch noch so kritischer Solidarität mit den Menschen der RAF scheint mir, wie ich in *Die verirrten Genossen* anzudeuten versuchte, nicht nur kleinlich-pharisäisch, sondern es läßt auch jene Menschen völlig im Stich, die, selbst vielleicht *gegen* Theorie und Praxis der RAF, einzelnen ihrer Mitglieder Unterschlupf gewährt haben mögen, weil es gejagte Menschen sind. Analysen der RAF durch *Revolutionärer Kampf*, Frankfurt (die Gruppe Danny Cohn-Bendits) und einige Berliner Gruppen lehnen Theorien und Tun der RAF zwar auch scharf ab, suchen aber Motivierung

psychologisch zu verstehen und verleugnen weder frühere gemeinsame Geschichte, noch brechen sie jede Solidarität.

[…]

Seltsam finde ich die offizielle Erklärung, Verfassungsschutz sei zwar unbewaffnet, doch dürften die einzelnen Verfassungsschützer als Bürger Waffenscheine besitzen und ihre Waffen tragen, wenn sie sich in Gefahr glauben.

[…]

Mit Heinrich Böll, 1974

Rudi Dutschke an Erich Fried
Aarhus, 2. Dezember 1974

Lieber Erich,

habe lange Zeit nichts von mir hören lassen. Hoffentlich geht es Dir, Catherine und den Kindern der Zeit und den Umständen gemäß gut. Vor längerer Zeit, so hatte ich von Manfred gehört, ging es Dir nicht glänzend, es soll sich aber gebessert haben. Hoffentlich ist dem so. Bei uns ist die Lage einigermaßen. Den Kindern geht es glänzend, Gretchen betreibt Ernährungswissenschaft, muß viel Physik und Chemie rezipieren. Von der abstrakten Theologie zur unmittelbar konkreten Naturwissenschaft, – ziemlich wild und anstrengend. Es bereitet ihr aber auch Freude. Auf der anderen Seite bereitet ihr der Mangel an Kommunikation mit den Studenten dieser Fakultät, die kein Verhältnis zu gesellschaftlichen Problemen haben, viele Sorgen. Fühlt sich darum oft isoliert, ihre Freundinnen und Freunde hat sie – wie ich – halt in WBerlin und der BRD. Da ich einen relativ starken Durch-Halte-Rücken habe, bereitet mir die Anwesenheit hier in Dänemark keine großen Sorgen. Wohl auch darum, weil ich oft in die BRD und nach WBerlin fahre. Ca. 5–6 Monate pro Jahr bin ich nicht in Dänemark. Bei Gretchen soll das ähnlich werden, sie war vor einigen Wochen für ein[en] Monat in West-Berlin. Ganz läßt sich das schwer egalisieren, Du weißt mit Sicherheit davon ein Lied zu singen. Unsere Kinder sind aber einverstanden, ihre Kontinuität, unsere Liebe und Bezogenheit ihnen gegenüber bleibt somit gesichert.

Wo, lieber Erich, hast Du Dich eigentlich in der letzten Zeit herumgetrieben? Oder sitzt Du zu Hause an breiteren Beiträgen? Ein Sammelband der Gedichte 1973/74 wäre ja wohl bald fällig. Oder? Du, gestern abend telephonierte ich kurz mit Manfred, er erzählte mir von der Dokumentation der BRD-Regierung gegen die RAF-ler. Die Verdinglichung und Instrumentalisierung der Sprache der Genossen soll zum Himmel stinken, vom sozialistisch-kommunistischen Inhalt der sozialen Emanzipationskämpfe soll absolut nichts zu merken sein. Du solltest unbedingt Dir diese Dokumentation besorgen. Vielleicht kannst Du am ehesten mit einer ›linken‹ Sprachlosigkeit umgehen. Bei Jan R. hatte ich einen anderen Eindruck. Er schien mir seine Lage zu durchschauen, wollte nicht Wirklichkeitsverlust erleiden im Knast, – wie weit sich aber Gruppenzwänge doch immer wieder durchsetzen, kann ich nicht sagen. Und das bei Isolationshaft?! Daß der Begriff der Isolationshaft keine juristische Spinnerei von linken Anwälten ist, konnte ich im Kölner Knast mitkriegen. Auf der anderen Seite wurde mir nach dem Lesen von alten Büchern über den Aufenthalt von Revolutionären in zaristischen Gefängnissen, oder von Kommunisten in spanischen Gefängnissen, klar, daß die Schwierigkeiten der RAF-Genossen noch einen besonderen Charakter tragen. Der scheint mir 1) in der völlig falschen Konzeption zu liegen ... und 2) aus der individuellen Sozialgeschichte ableitbar zu sein. Indem sie die Konzeption nicht aufgeben, von zwei Schritte zurück, um drei vorwärts zu machen, haben sie offensichtlich ›noch nie‹ gehört, geraten sie notwendigerweise in einen Selbst-Zerstörungs-Prozeß. Den Herrschenden tut das nicht leid. Die Kritik von Horst M. an die Rafler zeigt die politischen Erfahrungen eines Genossen. Da ist viel unklar, wird eine eigenartige KPD-AO-Wendung propagiert, dennoch halte ich seine Position noch für die klarste ... Wenn Du diese Kritik noch nicht haben solltest, so laß sie Dir von Manfred schicken.

Jetzt mache ich schnell dem Brief ein Ende, wollte nur endlich mal wieder von mir hören lassen. Meinen nicht immer schmeckenden Buch-Schinken wirst Du erhalten haben, jedenfalls hatte ich den Wolfgang D. und den Klaus W. darum gebeten. Noch etwas, wie geht es unserer Rosa L.-M.? Ihr habe ich ein Buch des gleichen geschickt. Bestelle ihr viele Grüße von mir, – wenn Du Gelegenheit hast. Sie wird mit mir ›sauer‹ sein aus verschiedenen Gründen, ich schätze sie aber wie immer.

In der Hoffnung mal von Dir, lieber Erich,
zu hören
Rudi

p-s-: Wenn Du mal wieder Deine Kinder in Dänemark besuchen solltest, vergiß uns nicht. Du bist herzlich willkommen, könntest bei uns Deinen Zeitmöglichkeiten entsprechend bleiben.
p.s.: Wie geht es eigentlich dem Schlacker, der Anna und den Kindern?

Mit Rudi Dutschke, 1976

Erich Fried an Brigitte Heinrich
London, 25. Februar 1975

Liebe Brigitte,

ich habe zwei Briefe gelesen, die Du in der Zelle geschrieben hattest, den einen an Deine Eltern und Deinen Bruder, den anderen an einen Freund. In diesem zweiten, längeren Brief sprachst Du auch von dem abscheulichen Mord an Schmücker und erwähntest das bei Wagenbach erschienene Buch von Brückner und meinen darin abgedruckten Brief. Was Du darüber schreibst, hat mich mehr gefreut als die meisten Rezensionen meiner Bücher.

Ich stimme nicht mit *allem* überein, was ich in Deinen Briefen gelesen habe. Zum Beispiel glaube ich nicht wirklich, daß körperliche Folter der Isolation vorzuziehen wäre. Auch körperliche Folter ist entwürdigend, die Entwürdigung, ja Schändung, ist sogar eine ihrer Absichten. Aber ich glaube, ich weiß, wie Du das meinst, und Deine Briefe, alles in allem, und obwohl sie keineswegs die Absicht haben, »Greuelpropaganda« zu sein (oder gerade deshalb!), haben mich mehr erschüttert als alles, was ich bisher an Briefstellen und Interviews der RAF-Leute gelesen habe. Einfach weil Du ein ganz anders reagierender Mensch bist, nicht so verbiestert und entfremdet wie die RAF-Gefangenen, denen der Sinn für die Wirklichkeit nicht erst nach ihrer Verhaftung, sondern schon lange, lange Zeit zuvor abhanden gekommen war. Sonst hätten sie ihren famosen »Bewaffneten Kampf« gar nicht erst angefangen. An ihrer Sprache stört mich außerdem das Elitäre, die bewußte Derbheit, bzw. Obszönität, die allein schon ein Zeichen dafür ist, wie verirrt ihr Begriff davon ist, wie »ein Revolutionär zu sein hat«. – Ich stimme in fast allem, was Du gegen RAF und Zweiten Juni sagst, mit Dir überein. Nur auch da habe ich einen kleinen Einwand. Du meinst,

»Bewaffneter Kampf«, wie die ihr Ballern nannten, statt politischer geduldiger Kleinarbeit sei nicht Mut, sondern eine Art Feigheit. Das glaube ich nicht. Es ist eine Dummheit, eine *unbewußte* Fluchtreaktion, wobei es sich um Flucht aus einer zu trostlos erscheinenden Wirklichkeit in kompensatorische revolutionäre Allmachtphantasien handelt. Es ist eine heillose und unheilvolle Verdrehtheit, Verranntheit, Verstocktheit, Verbohrtheit ... aber es ist keine Feigheit. Feigheit ist überhaupt ein Wort, das man am besten Turnlehrern, gewissen Offizieren und den ihnen entsprechenden Politikern überlassen sollte. Und ebenso wie die Flucht aus einer trostlosen Wirklichkeit nicht *nur* die Schuld derer ist, die sie antreten, sondern auch die Schuld jener, die diese Wirklichkeit so trostlos gemacht haben, hat unsere Kultur so vieles entwickelt, worauf man sehr verständlicherweise mit Feigheit reagieren könnte, daß ich das Verurteilende an diesem Wort schon fast unmenschlich finde.

Liebe Brigitte, sei mir nicht böse, daß ich gerade meine Einwände, – und diese beiden kleinen Stellen sind die *einzigen*, gegen die ich Einwände habe, – so ausführlich festhalte. Was Du sonst geschrieben hast, das kann sich sehen lassen, das ist menschlich und inhaltlich sehr beeindruckend. Das meint auch Paul Oestreicher, Leiter der Britischen Sektion von Amnesty International, dem ich diese beiden Briefe und eine von Frankfurter Freunden zusammengestellte informatorische Schrift über Dich gegeben habe, und der will, daß Amnesty sich mit Deinem Fall befaßt. Übrigens, zum Unterschied von einigen RAF-Interviewstellen im Spiegel halte ich Paul Oestreicher, den ich seit vielen Jahren kenne, für grundanständig, für einen verläßlichen, einsatzbereiten Menschen.

Fotokopien Deiner Briefe habe ich auch an Heinrich Böll geschickt und erwarte von ihm zu hören. An einer Spendensammlung für Deine Wohnungs- und sonstigen Kosten habe ich mich bisher nur bescheiden (100 Mark) beteiligt, hoffe aber mehr organisieren zu können. Ich erwarte eine Abschrift Deiner Erklärung zu Deinem Fall, die man mir versprochen hat.

Weißt Du, Brigitte, ich habe ein bißchen Hemmungen, Dir zu schreiben. Nicht nur, weil ich Dich kaum kenne, ja nur ein einziges Mal Dich kurz gesehen und gesprochen habe, sondern auch, weil es ein eigentümliches Gefühl ist, einem Menschen zu schreiben, der gefangen ist.

Das letzte Mal, daß ich an einen Menschen schrieb, der in einer Zelle saß, das war zur Hitlerzeit, vor Ausbruch des Zweiten Weltkrieges. Und nun ist es wieder soweit, und ich nehme an, daß Du genauso unschuldig bist wie meine damalige Adressatin.

England und Dänemark, wo ich oft bin, weil ich eine Tochter dort habe, sind ja auch kapitalistische Demokratien, wie die Bundesrepublik. Aber vieles, was in der Bundesrepublik geschieht, zum Beispiel was mit Dir geschieht, veranlaßt die Leute, die hier davon erfahren (oder mehr noch, die in Dänemark davon erfahren), immer wieder dazu, den Kopf zu schütteln und sich zu fragen, warum gerade dieses so tüchtige Deutschland eine so schwache demokratische Tradition hat. Die historischen Gründe liegen ja auf der Hand: Demokratie zweimal nur von außen, nach verlorenen Kriegen, und ihre allmähliche Selbstvernichtung im Sinne des Sprüchleins: »Wir sind wieder wer«. Aber dennoch könnte man doch meinen, daß gerade die langen Zeiten der Unfreiheit in vielen größere *Sehnsucht* nach Freiheit erzeugt haben könnten. Und dem ist leider nicht so, oder nicht genügend so. Auch auf der Linken nicht, warum sollten denn Linke bessere Menschen sein und weniger deutsch als andere? (Diese Annahme gehörte zur linken Selbstüberheblichkeit, die ganz schön mithalf, Linke zu ghettoisieren.) Auch die Linken gingen zum großen Teil nach 1968 begeistert in die Hörigkeit der demokratisch-zentralistischen alten oder neuen Parteien, oder in verschwörerische Gebilde, die auch weder in sich selbst noch in ihrer Reaktion auf die Umwelt Freiheit als Fluidum oder wenigstens als Vorwegnahme enthielten. Es gibt rühmliche Ausnahmen, Rudi Dutschke (der trotz seiner Worte am Grab von Holger Meins die RAF gründlich und begründet ablehnt), die Leute um die Zeitschrift »Der lange Marsch«, sicher auch Prof. Brückner, Sichtermann, Danny Cohn-Bendit ... Aber so viele sind untergekrochen und haben ihr eigenes Kritikvermögen, ihr eigenes Gewissen, bei irgendeinem Gremium abgegeben. Gewiß, auch die seelische Notlage (und seit dem Extremistenerlaß nicht *nur* seelische!) ist von denen verschuldet, die immer schon alles, was Links ist, verfolgt haben, weil in den Jahren des Kalten Krieges die Erzfeindschaft gegen alle Roten aller Schattierung bei gewissen Amerikanern und deren Vasallen hoch im Kurs stand und zugleich den Deutschen wieder zu wohlverdientem Ansehen im Kreise der westlichen Demokratien verhalf, dabei aber auch noch die kulturelle Kontinuität der vergangenen Ära in einem wichtigen Punkt aufrechterhielt. Gespenstig, was alles geschah, als sie erst mal die Nachricht erhalten haben, wie Konstantin der Große: »In diesem Zeichen wirst du siegen«. Dabei handelte es sich natürlich auch um Übernahme der offenbar stärkeren Magie der Sieger, also der Amerikaner. Und nicht die wirklichen bürgerlich-demokratischen Traditionen der USA wurden übernommen, die ihnen ja immerhin ermöglichten, Nixons Versuch einer Diktatur der Exekutivspitze zu vereiteln, sondern nur die schlechtesten Seiten des USA-Phänomens, CIA und McCarthyismus, hysterische Kreuzzugsstimmungen ... Wie soll es werden? In der Bundesrepublik geht es darum, zunächst die bürgerliche Demokratie zu retten, samt den Freiräumen an Menschenrechten, über die man sich bei uns so frivol hinwegsetzt. Freilich, ich weiß, im Spätkapitalismus ist auch die bürgerliche Demokratie nur rettbar, indem sie sich gleichzeitig transzendiert ... und doch: revolutionäre Entwicklungen stehen derzeit gewiß nicht auf der Tagesordnung, und überhaupt gibts keine Revolution ohne aktive Zustimmung eines großen Teiles und passive Zustimmung der Mehrheit der Bevölkerung. Nur die Phantasten der RAF und bundesdeutsche Staatsmänner sind anscheinend übereinstimmend der Meinung, daß ein Häuflein von Desperados den Rechtsstaat in die Knie zwingen kann. Es wäre zum Lachen, wenn es nicht zum Weinen wäre.

Die aber, die z. B. durch den Vergleich mit Dänemark und Schweden unsere deutschen Zustände nicht demokratisch genug finden und die Menschen- und Bürgerrechte vergrößern und sichern wollen, werden mehr und mehr verleumdet, schlechte Demokraten zu sein und die Bundesrepublik verleumden zu wollen. Ich wünschte, die Bundesrepublik hätte keine ärgeren Feinde!

Nun aber muß ich Schluß machen, für heute.
Alles Liebe und Gute, und auf Wiedersehen!
Dein
Erich (Fried)

Erich Fried: Offener Brief an Jean Améry
1975

Lieber Jean Améry,

Sie wissen, wie viel mir Ihre Arbeiten und Ihre Integrität bedeuten und wie oft ich mich um das Gleiche oder um Ähnliches bemühe wie Sie. Gerade deshalb kann ich Ihrem Offenen Brief an Albert Speer nicht zustimmen.

Ungleich Ihnen war ich nicht im KZ, aber mein Vater wurde von einem Gestapomann totgetreten, der später in der Bundesrepublik höherer Beamter wurde, und die Hälfte meiner Familie ist vergast worden. Vielleicht deshalb konnte auch ich mich bisher nicht entschließen, Albert Speers Bücher zu lesen, aber ich glaube, ohne sie zu lesen, ohne uns möglichst genau über ihn zu informieren, dürfen wir ihm das Recht nicht absprechen, zu schreiben, um dadurch, wenigstens zum Teil, tätige Reue zu zeigen, zu informieren, vielleicht zu warnen, so gut er kann. Ich glaube außerdem, um Menschlichkeit, Recht und Gerechtigkeit steht es heute in der Bundesrepublik leider nicht so gut, daß wir irgendeinem Menschen raten sollten, nur in Einsamkeit zu bereuen und zu sühnen. Vielleicht bereut auch Herr Filbinger in Einsamkeit, daß er einst Speers Gesinnungen teilte und was er noch nach Kriegsende an Deserteuren tat. Öffentlich hat er sich davon meines Wissens nichts anmerken lassen, am wenigsten in seiner Schelte gegen Sartre.

Es ist unvergleichlich wichtiger, heute dagegen zu protestieren, daß immer noch alte Nationalsozialisten hohe Richterämter bekleiden und daß das Grundrecht der Bundesbürger, nicht um ihrer Gesinnung willen benachteiligt zu werden, im Mai 1975 vom Verfassungsgericht so ausgelegt wurde, als erstrecke es sich nicht auf das Äußern, nur auf das Hegen von Gesinnungen! Diese Entscheidung diente den Berufsverboten, aber auch unter Hitler war ein Linker erst dann gefährdet, wenn man ihm etwas anmerkte, wenn er etwas sagte, schrieb oder tat. Die Gedanken sind und waren frei.

Ich finde, man müßte heute gerade auch einen Albert Speer auffordern, auf Grund seiner eigenen Erfahrungen, seiner eigenen Mitschuld, heute vor dem warnen zu helfen, was heraufzieht, wie es der verstorbene Generalstaatsanwalt Fritz Bauer vorausgesagt hat. Es ist wichtiger, heute dagegen anzukämpfen, daß sich die Sprache mancher Richter und Politiker von der des Nazijuristen Roland Freisler nachweisbar kaum unterscheidet, daß durch Polizei- und Gerichtspraxis und suspekte neue Gesetze immer mehr Menschen geschädigt, ja vernichtet werden. Darf nur ein Richard Schmid, ein Alfred Grosser, ein Heinrich Böll davor warnen? Ich fand die Warnungen des ehemaligen NATO-Generals Johannes Steinhoff mit seiner ganz anderen Vergangenheit genauso wichtig. Gegen Unrecht und wieder drohende Unmenschlichkeit kann man besser ankämpfen, wenn man auch gegen reumütige Bestrafte nicht zu hart ist.

Ihr
Erich Fried

Jean Améry an Erich Fried
Brüssel, 26. Oktober 1975

LIEBER ERICH FRIED:

Es ist an mir, Ihnen zu danken für den Offenen Brief, den Sie in der FR in Sachen Speer an mich richteten, denn er gibt mir Gelegenheit zu mancher Klärung. Aber ich schreibe Ihnen *persönlich*: wir wollen doch um keinen Preis die »querelles juives« ausgerechnet auf deutschem Boden austragen!

Zunächst sei festgehalten, daß unsere Aspekte verschiedene sind. Meiner ist zugleich enger und weiter als der Ihre.

Enger: ich spreche aus dem Hause, eben, wie ich es sagte, als einstiger »persönlicher Angestellter« des widrigen Mannes, der als Rüstungsminister vollverantwortlich war für alles, was in nazideutschen Rüstungsbetrieben vor sich ging, der also, was immer er heute beteure, selbstverständlich hat wissen *müssen*, auf welch grausame Weise Hunderttausende in seiner ›Schwertschmiede‹ zugrunde gingen, der übrigens, wenn die damals umlaufenden Gerüchte stimmen, eben das KZ Dora-Nordhausen (Herstellungsbetrieb der V1- und V2-Waffen) häufig besuchte, u.a. in gerade jenen Tagen, da ich selber dort die Kameraden zuhauf sterben sah.

Weiter: im Gegensatz zu Ihnen habe ich nicht die BRD im Auge, die mich im Grunde nicht gar so sehr interessiert, von der ich zudem ohnehin weiß, daß sie die Schlächter zart behandelt. – Was ich sehe, was mich bewegt und aufrührt, das ist die weltweite Rehabilitierungswelle, die alle Erinnerungen an Nazismus, Faschismus, Collaboration, Denunziation wegzuschwemmen schon im Begriffe steht. Das geht von Filmen wie »Lacombe Lucien« über französische Fernsehveranstaltungen, bei denen man Großväterchen Pétain in seligem Altersblödsinn über Land trippeln sehen muß, über britische ›Objektivität‹ gegenüber dem grotesken, darum aber zu seiner Zeit nicht weniger lebensgefährlichen Mosley – bis zu eben jenem Herrn Speer, dem eleganten Geschäftemacher, der nachgerade zum Flagship der Rehabilitationsflotte wird, nicht zu vergessen auch, zu seinem Schreibbediensteten, Herrn Fest, der uns einen Hitler, »menschlich gesehen«, proponiert. All dem ist zu wehren, so gut oder schlecht es eben geht, denn es ist so geschichtsfälschend wie menschenfeindlich.

Herr Speer bereut aufs Lukrativste. Das ist zum Übelwerden, denkt man an jene, die er vernichtete, denkt man aber auch an eine heranwachsende europäische Jugend, die infolge eben solcher Reue-Selbstgefälligkeiten sich am Ende sagen muß, nun ja, so gehe es eben zu in der Welt, Punktum. Und im Film »Portier de nuit« wird der Nazisadismus zum Faktor sexueller Emanzipation – welch himmelschreiendes Durcheinander von stupider Ignoranz, bewußter Niedertracht, Selbstbemogelung, Merkantilismus, verächtlicher Streberei!

Die humane Konversion der Schurken, von denen keiner mit einem Fünkchen Ehrgefühl hätte am Leben bleiben dürfen – (und da lobe ich mir noch den Goebbels und den jovialen Mordwanst Göring, die ihren scheußlichen Existenzen wenigstens selber ein Ende bereiteten!) – diese Konversion ist die makaberste aller makabren Komödien, humour super-noir.

Mit Entsetzen lese ich, lieber Erich Fried, auf welche Weise Ihr Vater zugrunde ging, und mein Herz ist mit dem Ihnen teueren Toten. Hier freilich hätte legitimerweise Rache mit Gerechtigkeit zusammenfallen müssen: man hätte den Schuldigen nicht weiterleben lassen sollen; wo formale Justiz versagte, dort wäre es [...] persönlich-humaner gewesen, sich zu substituieren.

Und nun ein Wort noch, ein privates auch hier, zur unguten, zutiefst fragwürdigen (oder vielleicht: schon nicht mehr befragenswerten) Rolle der Ihnen nahestehenden Pseudolinken in diesem ganzen hochgradig abstoßenden Wiedergutmachungsprozeß, der da auf gestäu[b]ten Skeletten würdig geführt wird. Es war kein Zufall, vielmehr erschreckende historische Sinnfälligkeit, daß neulich in schimpflicher entente cordiale *Chile und Cuba* in einer UNO-Kommission den Zionismus als »Rassismus« verurteilten.

Ich bin, abstämmig aus Vorarlberg, aufgewachsen in Oberösterreich, katholisch erzogen, vom Zionismus zumindest ebenso weit entfernt wie Sie. Das ideologisch inspirierte Hora-Tanzen erscheint mir immer noch etwas blöder als der Erzherzog-Johann-Jodler und das Schuhplatteln. Jedennoch: ich stehe in der gegebenen Situation für Israel ein, ungeachtet der rabbinischen Ehegesetze, gegen die alles in mir sich sträubt, ungeachtet auch anderer theokratischer Ärgernisse, die nur noch lächerliche Rückzugsgefechte gegen eine unaufhaltsam fortschreitende Aufklärung sind. Ich stehe, sage ich, ein für Israel, denn in diesem Staate wehrt sich ein Häuflein Verzweifelter gegen eine Welt, in der sich die multinationalen Konzerne in den neomarxistischen Denkspielern und verwirrten Gewalttätern aufs Herzlichste einig sind. Die sich mißverstehende »Linke«, die nicht aufmuckt gegen den gräßlichen Gorilla von Uganda, noch gegen den fanatisierten Religionswahnsinnigen Khadafi, ist allerweilen bereit, »nationale Befreiungsbewegungen«, von der IRA bis zu den bretonischen Autonomisten, jubelschreiend zu begrüßen. Nur wo es sich um die Juden und um Israel handelt, da wird eine für einmal authentische Bewegung einer ewig gemarterten Minorität, die endlich ihre Emanzipation erringen will, zum »Imperialismus«, möglichst zum »verbrecherischen«. Über den Un- und Schwachsinn! Als ob die Israelis sich ihren einzigen »Alliierten«, den sie erleiden müssen und der seinerseits nicht zögern wird, sie zu ihm passender Zeit fallen zu lassen, ausgesucht hätten!

Daß der Anti-Zionismus, von dem Hans Mayer in seinem Buch »Außenseiter« so treffend gesagt hat, er sei nichts anderes als ein Betreiben zum allgemeineren Judenhaß, in der Tat verschämt-unverschämter Antisemitismus ist, wissen auch Leute wie Sartre und Mme. Simone de Beauvoir. »Ce que (l'antisémite) souhaite, ce qu'il prépare, est la *mort* du juif«, sagte Sartre einst in den »Réflexions«. – Dabei ist es geblieben: und die »antizionistische« Linke macht sich schon jetzt mitschuldig am Genozid.

Da bin ich nun, lieber Herr Fried, weit hinausgegangen über das, was ich Ihnen ursprünglich habe sagen wollen. Ich bereue es nicht, denn, wie Sie richtig schrieben, wollen wir im letzten Grunde ja doch beide dasselbe, wenn wir auch die Proportionen der aktuellen Politik verschieden sehen.

Mit allen guten Wünschen für Sie und Ihre Arbeit bin ich

Ihr
Jean Améry

Erich Fried an Nellie Fried
1975 (?)

Liebe Mama,

ich habe hier in Kopenhagen Deinen Brief bekommen und einige Minuten später meine Magenmedizin genommen, weil der Brief mir wirklich körperliche Übelkeiten verursachte.

Du wirst Dich erinnern, daß ich mit Catherine zu Georg und Laura (Hannelore) Japhet nach Chislehurst gefahren bin, bevor ich wegfuhr. – Die haben ihr Haus verkauft und haben England verlassen und haben mir (und Catherine) den Freezer (das ist die Eistruhe) und den Eisschrank geschenkt. Dafür durfte ich ihm eine Dosierung der japanischen Medizin für Nan bezahlen, für die erste hatte er nach wie vor Bezahlung verweigert.

Unser Kühlschrank ist alt und kaputt und zu klein. Der Gefrierteil zerbrochen, ebenso die zwei Flaschenstände. Ein größerer, der richtig schließt, braucht weniger Strom als ein etwas kleinerer, der nicht schließt, daher ständig neu gekühlt werden muß. Die Tiefkühltruhe ist ebenfalls thermostatisch gekühlt und braucht weniger Strom als ein Kühlschrank. Ich wußte schon von vielen meiner Freunde, auch Karsten, wie ökonomisch richtig sie ist. – Stromkosten wesentlich geringer als Benzinkosten für mehrmaliges Einkaufen.

Ich hatte das längst mit den Japhets arrangiert. Wenn Du aber Geld sparen willst, rate ich Dir, Auslandsbriefe mit zehneinhalb Penny zu frankieren, nicht mit dem doppelten.

Ich darf am Ende Deine Worte an mich zitieren »Ich habe Dich trotz deiner großen Fehler lieb, aber ich sehe mir das nicht mehr lange an.« – Auch ich habe Dich lieb, aber warum muß ich solche [v]ollständig unsinnigen Briefe von Dir bekommen? Wenn Du überflüssige Zeit hast, könntest Du sie vielleicht damit zubringen, meine 1000 Mark zu suchen oder Dich zu erinnern, wohin Du sie versteckt hast, vor Dir selbst und vor mir, um Deine Anschuldigungen gegen Catherine ausstoßen zu können, so wie Du es jetzt mit den Anschuldigungen wegen des von den Japhets geschenkten Kühlschranks und [der] Gefriertruhe tatest. Wenn Du das nicht aufhörst, wirst Du klinisch verrückt, und das wäre schlecht für alle Beteiligten.

Schöne Grüße – trotz Deines Briefes,
aber laß mich in Ruhe, bis ich heimkomme.
[Erich]

Nellie in den vierziger Jahren

Erich Fried an Lydia Trüb
6. November 1977

Liebe, liebe Lydia! Du!

ICH DENK VIEL AN DICH (nicht großgeschrieben, sondern ganz normal. Auf groß stand nur die Maschine. – Aber sehr voll Liebe denke ich, und wenn ich die Augen zumache, kann ich manchmal denken, ich bin noch in Deinem Zimmer).

Aber weil man nicht mit festgeschlossenen Augen leben kann, merkt man, daß man hier in London tief im Herbst steckt und sehr weit von Dir entfernt ist. So weit, daß nicht einmal ein Gedicht für Dich entsteht, so gern es das möchte. Höchstens so etwas wie *Nichtnure* ist ein Gedicht an Dich. Das ist es auch, sicher, aber auch das nur ein trauriges. Und im allgemeinen konnte ich gestern und heute nur politische oder abstrakte Gedichte schreiben und zwei von meinem dänischen Freund Malinowski übersetzen. – Immerhin einige Gedichte, und ich schicke sie als Beweis, daß mein Dasein (Da und nicht dort bei Dir) doch ni[ch]t ganz ohne Sinn und Existenzberechtigung verläuft.

Die kürzeren über Deutschland könnten vielleicht den Grundstock einer *Deutschen Friedensfibel* bilden (analog zu Brechts deutscher Kriegsfibel nach Hitlers Machtantritt).

Vielen Dank für alles. Lasse es Dir und Peter gut gehen. Grüß ihn schön.

Im Berliner Extradienst 87 (1.11.77) ist Gollwitzers Antwort an Willy Brandt abgedruckt, was Russelltribunal betrifft. Sehr gut.

Alles, alles Liebe, und sei umarmt – auch ohne spezielles Gedicht für Dich, denn dazu braucht es nicht nur sowas wie die Nichtnure.

– Küsse!

Dein Erich

Erich Fried an Karin Kiwus
22. Februar 1977

Liebe Karin Kiwus!

Daß ich mich über das Buch – und über die Widmung auf der kleinen Karte und im Buch selbst, gefreut habe, muß ich kaum sagen. Ich hatte das Buch auch noch nicht. Zwar wollte ich es mir gleich am nächsten Morgen kaufen, kam dann aber nicht in die Buchhandlung und mußte dann wegfahren. Nochmals: Danke!

Die Gedichte hatte ich zum Teil – und notgedrungen nur flüchtig – ganz knapp vor unserer Diskussion schon gesehen und war beeindruckt von ihnen. Ich kann auch ganz gut verstehen, warum Sie meine Gedichte zum Teil trocken finden mußten. Jeder modelt sich in seinen Gedichten das Werkzeug zurecht, mit dem er seine eigene Rettung versucht. Wenn man aber noch nicht sehr viel bittere Erfahrungen auf diesem Gebiet gemacht hat, die einen zu einer ganz bestimmten Art des Hinterfragens zwingen, glaubt jeder Schriftsteller und Dichter, man müsse eigentlich etwas so schreiben, wie er selbst es tut, denn der Versuchung, unsere eigenen Erfahrungen normativ zu setzen, erliegen wir alle oft und leicht. – Und doch treffen Ihre kritischen Worte natürlich auch eine wirkliche Schwäche meiner späteren Gedichte (vielleicht nicht mehr ganz derer, die im Herbst bei Wagenbach erscheinen sollen). Über dem Raisonnieren und Formulieren vergeht etwas von den ursprünglichen Farben und Bildern. Darüber schrieb ja Brecht, als er seine Svendborger Gedichte mit der Hauspostille verglich. Ich will versuchen – hoffe es – auf einer weiteren Spiralwindung (höheren Ebene sagt man wohl anmaßend) gerade die Enttäuschungen fruchtbar zu machen, um wieder etwas mehr Bilder und Farben ins Gedicht zu kriegen.

Doch genug von mir. Besonders im Vergleich zu Ihren Gedichten wird mir klar, warum Sie kritisieren mußten, wie Sies taten. Ihre Verse sind oft ausladender, ja aufwendiger (nicht in schlechtem Sinn), um schließlich Aufwand und präzise Beobachtungen und »freche« Formulierungen zu einer Provokation zu verwenden, zu einer Feststellung, in der irgendwo Anklage und Enttäuschung oder Vorstufe von Enttäuschung so herausfordernd enthalten sind, daß es schwer ist, das Bittere an einem solchen Gedicht nicht widerlegen zu wollen. Ich meine ganz unliterarisch widerlegen, durch Trost, durch Versicherung von Zuneigung, durch die Behauptung, daß menschlicher Kontakt und Liebe etwas besseres sein kann, als einige dieser Gedichte dem Leser (besonders dem männlichen Leser) vorwerfen. Natürlich ist die Beschäftigung mit der Dichtung auch soweit Beschäftigung mit der Person der Dichterin, daß man von den Gedichten hingerissen oder bezaubert oder gebannt wird. Ich habe nach dem Lesen des Bandes folgende, gewiß nicht besonders geniale Verse geschrieben, die ich Ihnen aber doch, da durch den Band veranlaßt, nicht vorenthalten will:

Das Gericht

»Zudecken«
sagte der Kochtopf
als ich hineinsah

Ich gehorchte
aber ich kann
an sonst nichts mehr denken

Assoziation dazu, aus einem Bilderbuch als Kind: »Märchenhexe, was braust du hier?« Was aber habe ich gesehen oder was glaube ich gesehen zu haben? Das gewissenhaft zu berichten, würde zu weit führen; außerdem habe ich ein wenig Angst davor, auch Angst, von Ihnen ausgelacht zu werden.

Wenn ich in Berlin ansässig wäre, ließe ich es mir nach dem Lesen dieser Gedichte angelegen sein, Sie zu überreden, mich etwas ausführlicher und öfter sehen zu wollen. Kurz, man bekommt nach dem Lesen der Gedichte Sehnsucht, Sie zu sehen und mit Ihnen zu sprechen. Meine Entfernung enthebt Sie dieser Zumutung.

All diese meine Formulierungen klingen hübsch abgeklärt und altmodisch, aber so sind sie nicht gemeint. Auch das ist zum Teil Verlegenheitsmaske. Die Gedichte sind – und die menschliche Substanz in ihnen *ist* schon ziemlich unwiderstehlich.

Da gibt es z. B. das Gedicht *Über den Berg*. Der Aufwand an »undichterischen« Wendungen, mit denen das Gedicht den nicht lyrisch gesonnenen Leser einfängt, ist beträchtlich. »ganz schön aufs Kreuz gelegt, in Kommission genommen, Freiluftschaukasten, Arsch der Welt, Machs halblang …« und das ganze Gedicht endet in einer echt herausfordernden Frage, die natürlich einerseits gegen alle Möglichkeit einen Helden erhofft, der da sagt »Ja, das will ich und werde ich« und die andererseits – im ganzen Gedicht, ja im ganzen Gedichtband – versucht, ihm das unmöglich zu machen. Für den gebildeten Leser relativ leicht, zu erkennen, daß da erst eine Anspielung auf »Wanderer kommst du nach Sparta, verkünde dort, du habest …« und dann, in der »nächsten Einstellung« eine Anspielung auf die Flucht aus der Höhle des Polyphem zu finden ist. Aber damit ist das Gedicht nicht entschlüsselt. Eher schon, wenn man die Frage stellt, wer das denn ist, in diesem Freiluftschaukasten. Freiluftschaukasten fand ich übrigens großartig. Man hat die Ichperson des Gedichts ja nicht *liegen* gesehen, sondern *hängen* sehen, in diesem Freiluftschaukasten. Also nicht die Spartiaten des Leonidas, sondern – wenn ich mich irre, mache ich mich natürlich unsterblich lächerlich, aber ich glaube, ich irre mich nicht – die Sibylle von Cumae, die von den Jungen gefragt wird »Sibylle, was willst du?« und antwortet »Ich will sterben«. Dieser Bericht des Petronius, der sich am Eingang von Eliots *Waste Land* als Zitat findet (in der zweisprachigen Suhrkampausgabe miserabel übersetzt [...]), hat mich immer verblüfft und erschüttert. Übrigens ist vidi in ampulla pendere wirklich nicht, daß er sie in einem Käfig aufgehängt gesehen hat, sondern in einer kleineren Amphore. Ich habe die Bedeutungsweite von ampulla nachgeprüft. Sie kann aber auch Löcher gehabt haben, aus Glas, Ton, Leder bestanden haben. Dann wäre also die Ichperson – Karin – eine Sibylle. Wozu die ganze dritte Strophe passen würde, die auch wieder Elemente einer Kreuzigungssituation enthält. Der phallische aufgeregte gesalzene Hering wird dadurch auch der dargereichte Schwamm mit Essiggalle, und der mit dem gutgemeinten Angebot eben doch wieder einer, der auf der anderen Seite der Barrikade steht, als römischer Krieger, als Mann ...

Muß sich die Dichterin mit dem Schicksal der Sibylle identifizieren? Ich meine im Leben, nicht im Gedicht. – Die Gedichte als Gedichte bedürfen meiner Kritik nicht. – Ich hätte natürlich zahllose Fragen. Z. B. ob im Gedicht mit dem ausgeleierten Arsch (S. 46) ein Renate-Rasp-Einfluß bewußt ist, und wenn ja, warum? Die provokative negative Besessenheit Renate Rasps (die freilich sehr begabt und ehrlich ist) hat Karin K. eigentlich nicht nötig.

Aber ich weiß überhaupt nicht, ob diese Art Fragen zu stellen, sowohl die Frage nach dem Sichverfangen in einer Sibyllenidentifizierung wie die Rasp-Frage, von Ihnen nicht als Zudringlichkeit empfunden würde, oder nicht zumindest als etwas, was man lieber mal mündlich erörtern sollte.

Liebe Karin Kiwus, ich hoffe, Sie nehmen mir diesen Brief und diese Versuche nicht übel (Übrigens, der vordere Klappentext zu diesem Gedichtband ist ganz ungewöhnlich verständnisvoll und intelligent geschrieben. Stammt er etwa gar von Ihnen selbst? Kaum, aber das wäre doch schön!) Sie müssen mir glauben, daß ich diesen Brief nicht geschrieben hätte, wenn mir die

Gedichte nicht großen Eindruck gemacht hätten und wenn ich nicht Zuneigung und Bewunderung für Sie empfände.

Ich habe Ihnen einen Prosaband geschickt, als Drucksache, kommt also vielleicht erst nach diesem Brief an. Ich wäre auch ungemein interessiert, was Sie von diesen Prosaarbeiten denken. – Und vielleicht kann man sich einmal sehen und wirklich ausführlich aus der Nähe sprechen.

Alles Liebe und Gute
Ihr
Erich Fried

[…]

Mit Karin Kiwus, 1986

Erich Fried an Bärbel Altendorf
24. Oktober 1977

Liebes Fräulein Altendorf!

Bitte verzeihen Sie meinen Telegrammstil, ich erhielt eben Ihren Brief, muß morgen verreisen, noch packen, noch Lesungen zusammenstellen. [...]

Zwar hatte ich bei meinem Gedicht *Gründe* politische Hintergedanken, was man dort, wo es ursprünglich erschien, als eines der ersten Gedichte in meinem Band *und Vietnam und* (Gedichte über den Vietnamkrieg) deutlich sehen konnte. Aus dem Zusammenhang gelöst, in einem Schullesebuch veröffentlicht, zeigt sich das nicht mehr deutlich. Nun ist es bei einem »politischen« Gedicht nicht etwa so, daß es nur politisch oder nur politisch engagiert ist. Dieses Gedicht ist daraus entstanden, daß ich die Äußerungen meiner wohlmeinenden Sekretärin gesammelt habe, die mich davor warnen wollte, mich für irgendetwas zu sehr zu engagieren, weil es gefährlich sei, weil man es mir nicht danken würde, usw. (Siehe Gedicht). Es ist also schon so, daß der Text aus vereinfachenden Kommunikationen meiner Sekretärin über ihre Erfahrungen als gebranntes Kind besteht. Diese Kommunikationen gelten nicht nur »politisch«. Wenn ich mich z.B. für eine BBC-Angestellte oder einen Kommentator einsetzte, die wegen Unpünktlichkeit gemaßregelt werden sollten, oder dergleichen, sagte sie, obwohl selbst ein herzensguter Mensch, im Grunde auch die gleichen Sprüche her. Sie war in der Hitlerzeit im BDM gewesen, dann von den Nazis enttäuscht, dann von der Habsucht der Wirtschaftswunderzeit skeptisch gemacht worden... Das alles steckt in ihren Äußerungen. Sie treffen also gar nicht daneben, wenn Sie Gesellschaftliches, Soziologisches hineinlesen. – Nur in den Schlußzeilen ziehe ich eine politische Lehre daraus, denn die Gräber, die bei solchen Todesursachen gar nicht mehr gegraben würden, deuten auf einen drohenden Atomkrieg, wenn die Unzulänglichkeit der Menschen in ihren Verhaltensmustern seinen Ausbruch nicht verhindern kann. Aber selbst noch die »Todesursachen« sind nicht nur in Kategorien der großen Politik zu verstehen, denn die Menschen bereiten sich ja auch durch zu geringes Engagement füreinander auch außerhalb der politischen Sphäre gegenseitig den Tod, durch Vernachlässigung, Uninteressiertheit, dadurch, daß man einen unliebsamen verstörten Menschen »Berufeneren überläßt« usw. [...]

Ich bin gegen die Überschätzung der politischen Teilinhalte eines Gedichtes, denn dadurch fordert man von den Dichtern vor allem politische Gedichte, und da Politik in vieler Hinsicht für mich nur die Spitze eines Eisbergs vieler menschlicher Zusammenhänge in der gemeinsamen Herstellung des täglichen Lebens und Sterbens ist, läuft ein Gedicht, das nur politisch sein will, Gefahr zu verarmen. Auch sind Gedichte meist nicht »eindeutig« wie mathematisch eindeutig lösbare Aufgaben. Ich persönlich, als »politisch« abgestempelter Schriftsteller, freue mich über jeden, der – wie Sie – die anderen Aspekte in einem Gedicht doch auch sieht. Ihr Lehrer war vielleicht deshalb zu streng, weil er nicht will, daß man die politischen Gedanken von Leuten wie mir unterschlägt, was heute leider oft geschieht. Aber das ist nicht Ihre Schuld. Ich hätte wahrscheinlich positiver geurteilt als er. Vielleicht zeigen Sie ihm diese Zeilen.

Mit besten Grüßen und Wünschen
Ihr
[Erich Fried]

Nellie Fried an Erich Fried
um 1980

Selbst wenn ich Dir nichts gegeben hätte und Du mich vollkommen erhalten würdest, behandelt ein anständiger Mensch eine Mutter nicht so gemein wie Du es, *ihren Wünschen gemäß*, tust.

Ich habe Dich gebeten, mach es mir zu lieb und geh auf 3–4 Wochen nach Zürich, da hast Du Erholung, Unterhaltung und bekommst nach Adlers Vorschrift genau, was Du brauchst. Das ist kein Sanatorium, das ist wie ein Hotel mit einem oder mehreren Ärzten. Adler hat nichts gesagt, weil er nicht weiß, ob Du es Dir leisten kannst. Er braucht auch nicht zu wissen, daß ichs Dir bezahle, es ist mir viel viel lieber als das Geld Dir zu hinterlassen. So machst Du mir eine Freude und ich habe die Beruhigung, daß endlich etwas für Dich und Deine Gesundheit gemacht wird. Ich bin vollkommen überzeugt, dieser Aufenthalt in France unter den gegebenen Bedingungen schadet Dir, und Du hast nicht die Möglichkeit, das gut zu machen. Du weißt genau, mit dem Herzen ist nicht zu spaßen. Nach 3 Anfällen geht man. – Ihr Wunsch muß Dir nicht Befehl sein. Tu es Dir und mir zu lieb. Ich bin sicher, Deine Freundin Lydia ist meiner Ansicht und jeder vernünftige Mensch,

Deine *Musch*
nicht Nellie

Klaus Wagenbach an Erich Fried
Berlin, 3. Mai 1981

Ach, lieber Erich, Steinesammler, Prior, alter Roter,

jetzt biste sechzig wie ich längstens fünfzig und wir nähern uns prozentual also immer mehr, jetzt noch mit 15% auseinander, wenn Du hundert wirst, sind wir nur noch 9% auseinander, irgendwann muß einer nachgeben.

Die obigen Epitheta spielen auf gewisse Bildunterschriften an und die finden sich wiederum in der Festschrift und die ist zugleich wieder im »Freibeuter« und von beidem schicke ich Dir hier erst einmal einige Exemplare (mit gleicher Post einige an Catherine) – schreib mir doch, wie viele Du wo hin haben willst. Natürlich kannst Du auch eine Liste schicken – Jubilare sollen ja jubilieren und nicht arbeiten –, von Freunden, an die wir die Festschrift von hier aus verschicken (ungefähr zweitausend gehen an den Buchhandel).

Ja, und lange ist es natürlich auch schon her, seitdem wir auf dem gepflasterten hinteren Hof der Akademie der Künste hin und her gegangen sind und überlegten, ob man aus den Vietnamgedichten einen Band machen sollte. 1965 muß das gewesen sein, und 1966 gleich hat mich Günter angeschrieen, was denn das solle, ein Gedichtband über so ein Land, wo liegt das überhaupt, und das alles jetzt, wo der Milchpfennig in Schleswig-Holstein viel wichtiger ist. Sowas verbindet natürlich ungemein! Sogar ein Testament hast Du mal auf einen Zettel gekritzelt, vor einer Demonstration (da ging noch, Du erinnerst Dich, Haffner mit, Arm in Arm über den Ku'damm), falls Dir etwas passieren sollte, damit dieser grauenhaft jüngere Verleger wenigstens noch ein Nachlaß-Büchlein veröffentlichen kann … Verbindet natürlich auch. Und gemeinsam, mit Lettau, angepfiffen wurden wir auch mal, vom sous-officier Hans Werner in der Pulvermühle. Verbindet natürlich auch. Und einmal hab ich Dich davor bewahrt, Dich mit Schlamm fast zu verbrüdern, Du hingegen hast mich mehrmals davor bewahrt, mich mit verschiedenen Nichtsnutzen oder politischen Nichtsnutzigkeiten zu verbrüdern. Mal ganz abgesehen von Deinen großen Reden auf der Autorengeneralversammlung, sehr nützliche Verbrüderungs- und Besänftigungsaufrufe in hitziger Umgebung (na, Karsunke hättest Du fast auch noch umarmt, das sah ich ja mit Staunen!). Auch das verbindet, verbindet ganz ungemein.

Ja, und dann leg ich Dir auch die »Lebensschatten« bei (und das, man traut es sich ja fast nicht mehr zu schreiben, das 39.–45. Tausend der »Liebesgedichte« [...]) und alles das ist pünktlich zum 6. Mai in den Buchhandlungen (nur in der Schweiz nicht, wo Du gerade bist, da ein paar Tage später – das hast Du wieder gut arrangiert, Dich den öffentlichen Freundeskundgebungen Deines Verlegers zu entziehen, jedenfalls an dem betreffenden Tag).

Herzliche Grüße
Dein
Klaus

Mit Klaus Wagenbach, 1984

Erich Fried an Anne Duden
London, 30. Juli 1984

Liebe Anne!

Hier das versprochene »Reich der Steine«. Seit dieser ersten Auflage sind 21 Jahre vergangen, das Volljährigkeitsalter meiner Jugendzeit (jetzt auf 18 reduziert). Die Neuauflage unterscheidet sich im Text nicht von der alten.

Ich schicke es Dir, weil Du ja fast alle meine anderen Bücher hast (bis auf ein, zwei vergriffene), aber ganz besonders, weil Deine Assoziationsweise in Deinem Buch »Übergang«, obwohl Du Prosa und in ganz anderer Diktion schreibst, für mich so Verwandtes hat, gerade wenn ich die Assoziationstechnik dieser alten Zyklen ansehe. Wir haben das ja auch beim gegenseitigen Ansehen unserer neueren Arbeiten festgestellt, aber hier scheint es mir besonders deutlich.

Auf die Wortassoziationen war ich damals (die einzelnen Zyklen sind ja noch viel älter als das Buch, die ersten von 1947) teils auf dem Weg über die Ablautreime (Hand-Hund, Wand-Wind, wie bei Wilfred Owen) gekommen, teils, weil eine junge Keramikerin, mit der ich aufgewachsen war, kurz nach ihrer Emigration nach England einen schizophrenen Schub erlitten hatte und immerzu auf dem Gleichklang von Wörtern mit verschiedener Bedeutung abrutschte. Ihr Vater hatte ihr eine Liebesbeziehung, ich glaube, ihre einzige, zerstört. Das hatte erst zu einer Depression, dann zu dem Schub geführt, und nun schlug er sie auch noch, wenn sie, wie er das nannte, phantasierte. Ich werde nie vergessen, wie sie mir sagte: »Weißt du, es gibt gewisse Arten Ton … Ton … Ton, die hört man in der Nacht. Die sagen, was man sich als Kind gedacht hat oder jetzt denkt, aber sich nicht zu sagen traut. Und da könnte man doch aus diesem Ton Figuren machen, und weil wir hier als feindliche Ausländer doch keine

Radioapparate haben dürfen, könnte man sich diese Figuren zu Hause aufstellen und ihnen abends und nachts zuhören. Das könnte man sich dann patentieren lassen und viel Geld verdienen.« Als sie dann an einer Grippe während einer Insulinschockbehandlung gestorben war, schrieb ich mein erstes Gedicht mit »ernsthaften Wortspielen«. Es war ein Sonett, und es fing an:

Krug war der Krug schon lange vor seinem Zerschellen,
Nur nicht so ganz wie ganz zuletzt im Vergehn.
Kann nur fallender Ton an uns tönend geschehn?
Kann uns wirklich nur helles Zerklirren erhellen?

Und nur der Krüge? Nahn wir noch zärtlich genug,
Trotz der Gewöhnung, den andern, mit denen wir
wohnen?
Scheint uns die Rundung an jenen belebteren Tonen
Schön, zum Schonen, schon eh' unsre Hast sie zerschlug?

Das Sonett hieß »Ton« und wurde zu einem ganzen Sonettkranz, noch stark von Rilke beeinflußt. Auch ein Zyklus, aber unveröffentlicht, bis auf dies Anfangssonett, das in der Neuen Auslese, Oktober 1949 (herausgegeben vom Alliierten Informationsdienst) erschienen ist. Ich habe den Zyklus nicht ins »Reich der Steine« aufgenommen, aber von ihm nahmen die »ernsthaften Wortspiele« ihren Ausgang, und ich habe deshalb auch ein gutes Gewissen: Ich weiß, daß sie keine literarische Spielerei waren, sondern von den herzzerreißenden Worten dieses toten Mädchens herkamen. – In den Zyklen (die ersten, »Wanderungen« und »Genügung«, erschienen im Entstehungsjahr 1947, in der *Schweizer Rundschau* und im *Plan* in Wien) gibt's keine Sonette mehr. Sie stießen damals wegen der Wortspiele auf ziemlich viel Widerstand. (Es war in Deutschland die Zeit der Kahlschlaglyrik.) Später wurden andere Vorwürfe erhoben. Ich hatte nämlich, zum Beispiel in der »Genügung«, Schreibweisen der Konkreten Poesie vorweggenommen, aber für mich immer nur als Baustein, denn ich glaubte nie, daß die Sprache selbst Hauptthema oder gar einziges Thema der Dichtung sein soll. So wurde ich später, als ich andere Kunstformen und weniger Wortspiele gebrauchte und unmittelbarer manches beim Namen nannte, als Verräter an der Konkreten Poesie kritisiert, zu der ich mich doch nie bekannt habe. Der einzige »konkrete Poet«, der ausdrücklich in einer seiner Schriften bestätigt, von mir beeinflußt zu sein, Ernst Jandl, hat mir diesen Vorwurf aber nicht gemacht. Auch Andreas Okopenko, der auf vier der Zyklen in diesem Band »Reich der Steine« (»Wanderung«, »Genügung«, »Zerklagung«, »Rückschritt«) eine wunderschöne Parodie »Die Befriedung« schrieb (im Handumdrehen kaum, daß ich ihm die Manuskripte geschickt hatte, und zuerst in seiner Wiener Zeitschrift *Fragmente*, dann später von Günter Bruno Fuchs in der »Meisengeige« veröffentlicht), hat mich nie angegriffen, und hat auch Fried-Einflüsse bestätigt. Aber Okopenko ist kein konkreter Poet.

Interessant vielleicht noch, daß vor einigen Tagen (am 16. Juli in einer Sendung des NDR, Kulturelles Wort) ein junger Lyriker, Heinz Kattner, diese Gedichte meinen kürzeren Gedichten der letzten Jahre offenbar weit vorzieht. Er rezensiert die Neuauflage von »Reich der Steine« und schreibt:

»Vor allem beeindruckt der lange, ruhige Atem dieser zyklischen Gedichte, die zwischen fünf und fünfzehn Seiten lang sind. Im Vergleich dazu erscheinen mir viele der aktuellen Kurzgedichte (eigene und die vieler Kollegen) wie eiliges Hüsteln.«

Ich weiß nicht, ob auch meine ganz kurzen Gedichte zum Hüsteln gehören. Ich weiß auch nicht, ob die Zyklen immer einen langen oder gar einen ruhigen Atem hatten. Eine von ihm besonders gelobte Stelle: »Daß du dem Kopf nicht das Herz abschlägst / denn sonst schlägst du / dem Herzen den Kopf ab / Und der herzlose Kopf / rollt auf dem rechten Weg / und hat recht und hat recht und hat recht / und nach der linken Seite / hüpft das kopflose Herz / linkisch davon«

war, wenn ich mich recht erinnere, mit dem kurzen Atem der Verzweiflung und des Kämpfens mit Tränen geschrieben, daher auch die kurzen Zeilen. Übrigens endet ja »Reich der Steine« mit ganz kurzen Gedichten.

Nun, ich bin neugierig, ob Du mir was dazu sagen willst, und was, wenn wir uns wiedersehen, worauf ich schon sehr hoffe. Deine Prosa rüttelt mich immer wieder auf, trotz ihrer Verzweiflungen, sogar aus Verzweiflung (oder gerade deshalb?).

Einstweilen ganz liebe Grüße und gutes Arbeiten an Deinem neuen Buch! Und zuletzt schick ich Dir hier noch ein Gedicht, das ich beim Lesen der Neuausgabe von »Reich der Steine« geschrieben habe und das sich auf das Buch und die damals gehäuften sogenannten Wortspiele bezieht [...].

So, das ist alles – eine Art Kommentar nach 21 Jahren zu dem Band. Einseitig und unvollständig wie jeder Kommentar. Man wird auch nicht erwachsener oder weiser. Ich muß nur die Augen zumachen und sehe noch, wie damals Hilde Claassen die Veröffentlichung dieses Bandes mit mir besprach, den sie wollte, obwohl sie ganz genau wußte, daß damit kein Geschäft zu machen war. Ich meinerseits verzichtete auf jede Vorauszahlung usw., behielt mir nur alle Nebenrechte, Nachdruck, Funk usw. vor. Ich glaube, wir haben nicht einmal einen schriftlichen Vertrag geschlossen. Es war mein drittes Buch bei ihr. Meinungsverschiedenheiten gab es nie. Aber vertragloses Veröffentlichen würde ich Dir heutzutage entschieden nicht empfehlen.

Nochmals alles Liebe!
Dein Erich

Erich Fried an Catherine Fried
15. Oktober 1984

Catherine, dearest!

There is not always time to say that I love you and how much I do.

But I do, and I would like you to know thaT SOMETIMES A MOVEMENT YOU MAKE, ANY (capitals typing error!) gesture, or an inflection of your voice, seem so poignant to me that I can hardly help crying. – My flaunted polygamy does never for a moment mean that I love you less or that I do not long for you when I am away.

I am certain I love you more than when I got to know you first.

I embrace you
Erich

Mit Catherine, 1988

Erich Fried an Michael Kühnen
London, 18. Januar 1985

Lieber Michael!

Dieser Brief wird heute angefangen, wird aber heute sicher nicht fertiggeschrieben werden. Viel lieber säße ich Dir gegenüber, so daß wir miteinander sprechen könnten. Manche Mißverständnisse könnten dann durch einen Blick, eine Geste vermieden oder im Keim erstickt werden. Aber natürlich hat das Schreiben auch Vorteile: Es verhindert einen menschlich ungemein verständlichen und verzeihlichen Opportunismus, entstanden aus dem Glücksgefühl, daß freundliches Gespräch über so viele Meinungsgrenzen hinweg möglich ist, der dann – halb unbewußt, aber manchmal desto sicherer funktionierend – verhindern will, daß etwas gesagt wird, was sich störend gegen dieses Glücksgefühl erheben könnte. In der Psychologie nennt man das wohl »Angst vor Liebesverlust«. Es wäre mir sehr schmerzlich, etwas zu sagen, was Deine Empfindungen mir gegenüber in Abneigung verwandelte. Und doch schulde ich Dir, gerade Dir, weniges so sehr als wirkliche Aufrichtigkeit, wirkliches Dich-Ernstnehmen. Und da habe ich so vieles zu sagen, darunter auch, was für Dich schwer zu hören, zu lesen, zu ertragen sein kann. Und doch schulde ich Dir das, wenn das Gespräch nicht zur bloßen Konversation herunterkommen soll.

Dabei ists an mir, mit Erklärungen anzufangen. Daß die Überschrift in der *taz* »Kühnen ist ein armer Hund« nicht von mir ausgesucht war, habe ich schon in meinem kurzen Zwischenbescheid gesagt, konntest Du Dir auch selbst denken. Mittlerweile habe ich die *taz* mit dem Interview vor mir. Nein, sie haben nicht verfälscht, was ich gesagt habe. Aber auch redaktionelle Kleinstschattierungen machen einen Unterschied. Z. B.: Die einleitende Bemerkung, daß Du von Auschwitzlüge nichts mehr gesagt habest oder da eines besseren belehrt worden seiest, stammt nicht von mir. Ich weiß, es gab in Österreich einen Bericht von einer Frau Lingens (Mutter des Herausgebers der Wochenschrift *profil*), Du habest das gesagt. Damals rief mich das Bayerische Fernsehen an, ob es wahr sei, daß wir 5 Stunden in freundlichem Ton miteinander gesprochen hätten, was ich bestätigte, denn es hieß, Du habest das gesagt. Aber ob und was Du wirklich in Österreich zu Frau Lingens oder sonstwem gesagt hast, ob Du überhaupt ein Interview gabst oder Leute nur einzelne Behauptungen zusammengestückelt haben, das konnte ich nicht herausfinden. So froh ich wäre, wenn das, was ich gesagt habe, Dich von der Wirklichkeit der Massenvernichtung in Auschwitz überzeugt hätte, die ja auch meine Großmutter und den größeren Teil meiner in Österreich zurückgebliebenen älteren Familienangehörigen vernichtet hat, so konnte ich diese Wirkung auf Dich doch nicht wissen und habe das nie behauptet.

Wichtiger ist mir, das, was ich gesagt, wirklich gesagt habe, nicht falsch verstanden zu sehen. Nun, wenn Du den »armen Hund« im Zusammenhang liest, dort, wo ich das im Interview gesagt habe, siehst Du, daß es nicht geringschätzig gemeint ist, obwohl Du natürlich jetzt die Aufgabe darin siehst, all Deine Kraft und das Bewußtsein der eigenen Menschenwürde zusammenzunehmen, um Dein Schicksal gut ertragen zu können. – Schwieriger ist es mit den Worten »Blödheiten« und »Mist«, die objektiv wirklich negative Beurteilung, ja auch Geringschätzung enthalten. Da aber hatte ich den Interviewern gegenüber meines Wissens eine Bemerkung im Interview (oder vielleicht einleitend, zu ihrem Verständnis vorher, so daß sie es dann wegließen) gemacht, dahingehend, daß ich zwischen dem guten Willen und dem, was dabei rauskommt, scharf unterscheide und z.B. trotz meiner Verehrung für die Person Ulrike Meinhofs das, was die RAF wirklich tat, größtenteils als Mist, Blödsinn, ja politischen

Wahnsinn bewerte. In diesem Zusammenhang, der im Interview freilich nicht abgedruckt ist, bitte ich auch meinen Wortgebrauch zu verstehen. Außerdem habe ich das Wort »Blödheiten«, von denen Du in Bezug auf Ausländerhaß nicht frei seist, gebraucht, um die Predigt der Ausländerfeindschaft nicht als Gemeinheit anzugreifen, sondern ihr die Möglichkeit des subjektiv ehrlichen Vorurteils zu lassen. (Brecht hat mal vorgeschlagen, zur Entschärfung politischer Auseinandersetzungen die Anschuldigung *Schwein* jeweils in *Ochse* zu verwandeln. Dann hätte es nämlich keine »Liquidierungen« gegeben.)

Nun, Du weißt, daß ich in vielen ganz wesentlichen Punkten nicht mit Dir übereinstimme. Ich glaube mich auch zu erinnern, daß Du, als wir Abschied nahmen, den Wunsch ausgesprochen hast, mich wiederzusehen, und daß ich (nicht wörtlich, aber nach dem Sinn zitiert) sagte: »Ja, sehr gerne. Aber natürlich will ich Dich von Deinen Ansichten abbringen, aber ich kann Dir versprechen, ich würde dazu nie bewußt falsche Argumente gebrauchen«. Und Du sagtest, das weißt Du, das müsse ich Dir gar nicht erst versichern.

Du weißt aber sicher auch, daß in meinem Brief an Deinen Anwalt steht: »Natürlich würde ich Michael Kühnen gerne von vielen seiner Ansichten abbringen, doch ist meine Bereitschaft, für ihn auszusagen, davon in keiner Weise abhängig.« Das gilt nicht nur von den Aussagen vor Gericht, sondern Du bedeutest mir natürlich viel, auch dann, wenn ich Dich nie von etwas überzeugen könnte. Das ist so, wie wenn ich einem von meinen Kindern sage: »Das ist meine Meinung; tust Du aber das Gegenteil, so bedeutest Du mir noch genauso viel, und ich werde Dir immer noch zu helfen versuchen und für Dich da sein.«

[...]

Nun aber zu wenigstens einigen Punkten Deines Briefes und unserer Meinungsverschiedenheiten. Dabei frage ich mich immer noch, ob dies denn der Augenblick sei, in dem ich Dir solche inhaltlichen Diskussionen zumuten darf? Ob Du nicht jetzt alle Kraft zusammenhalten mußt für den Prozeß? […]

Nun ist natürlich an Deinem Brief soviel menschlich Gutes und Großzügiges, daß es »fast zersetzend« scheint, wenn ich just auf das zu sprechen komme, wo ich anderer Meinung bin. Nicht nur Meinung, sondern Überzeugung. Davon im Weiteren.

[…]

Natürlich glaube ich Dir, daß jedes Wort in Deinem langen Brief an mich Deine ehrliche Überzeugung ist. Gerade dadurch bestätigt mir Dein Brief ja auch, daß ich mich in meiner Einschätzung Deiner Ehrlichkeit, Deines menschlichen Wertes, überhaupt all Deiner guten Eigenschaften nicht geirrt habe, und dafür bin ich Dir auch dankbar. Und überhaupt ist es eine Leistung, in Deiner Lage so einen schönen Brief zu schreiben. Und doch. So vieles steht zwischen uns, und ich habe in mancher Hinsicht so wenig Hoffnung, Dir etwas sagen zu können. Einmal, weil Du in Deiner Lage ja sicher sehr auf Deine Überzeugungen – auch auf Deinen Glauben daran – und auf die kameradschaftliche Liebe Deiner Gesinnungsgenossen angewiesen bist oder doch zumindest zu sein glaubst. Und zum andern Mal, weil ich Dir so wenig zu bieten habe, woran man Halt finden kann. Keinen sicheren Weg, keine Heilslehre, höchstens Ansätze zu Wegen in die Zukunft. Eigentlich nur eines: Die Überzeugung, daß die Erkenntnis der Wahrheit, auch wenn sie nicht unmittelbar nützlich scheint, etwas ist, wonach zu streben sich lohnt, als Teil unseres Menschseins, unserer Menschenwürde. Daß wir ohne Streben nach Erkenntnis nicht wirklich fähig sind, auf die Dauer gut und menschlich zu handeln.

Und da steht zum Beispiel noch Auschwitz, Majdanek, Treblinka usw. zwischen uns. – Außer, wenn Du wirklich nicht mehr glaubst, daß es eine Lüge ist? – Die meisten meiner Angehörigen sind wirklich dort vergast worden, nur zwei Jungen, Robert und Nat, entfernte Vettern, wurden vor den Augen ihrer Mutter,

»Tante Jula«, erschossen. (Sie hat den Krieg überlebt, ging nach Palästina und beging dort als alte Frau unmittelbar vor dem Ausbruch des Sechstagekriegs 1967 Selbstmord, weil sie auf die offizielle Propaganda der zionistischen israelischen Presse, daß unmittelbare Gefahr eines ägyptischen Einmarsches bestehe, hereinfiel und sich zu müde fühlte, um neue Verfolgungen zu erleben. Diese Gefahr bestand in Wirklichkeit nicht!) – Ach, ich verstehe so gut, lieber Michael, warum man Auschwitz (Auschwitz-Birkenau mit Birkenaus riesigen Gaskammern) *nicht* glauben will. Nicht aus Gemeinheit, im Gegenteil! Aus Gemeinheit oder aus Trotz würde man ja sagen: »Es sind noch viel zu wenig umgebracht worden«. Aber auch ich fand es zuerst zu furchtbar, um daran zu glauben, obwohl es für mich doch *nur* Trauer und Entsetzen und nicht, wie für Dich, auch Auseinandersetzung mit dem war, was irgendwie *die eigene Seite* war oder ist. (Ich weiß noch ganz genau, wie schwer es mir wurde, mir den vollen Umfang der Aktionen Stalins einzugestehen).

Ich weiß natürlich, alle Vergleiche hinken. Ich weiß auch, wie mutig es von Dir ist, jetzt ergründen und auch unter Deinem Namen schreiben zu wollen, wie die Ideale eines Röhm sich vom SS-Staat unterscheiden (was, wie Du weißt, innerhalb der NS-Szene in Deutschland *und* im Ausland auch mit persönlicher Gefahr für Dich verbunden sein kann). Mich erinnert das manchmal – fast spiegelbildlich – an ehrliche Trotzkisten, die glauben, was in der Sowjetunion schlecht und unmenschlich wurde, sei alles nur Schuld Stalins und der Stalinisten; Trotzki hätte es viel besser gemacht. Nun, manches oder vieles vielleicht, aber ich glaube, schon Lenins Normen von 1903 hatten den Fehler in sich, und Rosa Luxemburgs Warnungen von 1904 und 1918 erkannten das. Übrigens solltest Du einmal ihre *Briefe aus dem Gefängnis* lesen. Da ist auch zwischen Ruf und Wirklichkeit ein ungeheurer Abstand.

Nun habe ich da *ein* großes Problem. Du versicherst mir, daß der wahre Nationalsozialismus großzügig und schön und für Dich überzeugend ist. Aber der Nationalsozialismus ist leider nicht nur, was Strasser oder Röhm dachten, sondern im Wesentlichen doch die Summe von allem, was draus wurde. Und da finde ich besonders Deine Haltung Hitler gegenüber schwer nachzuvollziehen. Glaube mir, ich versuche nach Kräften, alles einzubeziehen, und wenn ich daran denke, wie Hitler von seinem Vater immer nur mit der Hundspeitsche geschlagen und nicht einmal beim Namen gerufen, sondern wie ein Hund herangepfiffen wurde, so fehlt es mir nicht an Sympathie mit dem Jungen, der so mißhandelt wurde und dem soviel von seiner persönlichen Glücksfähigkeit und von der Freiheit seiner durchaus vorhandenen künstlerischen Begabung dadurch geraubt wurde. Ich finde es auch rührend, daß er sich mit den geschlagenen Hunden identifiziert und gesagt hat: »Im Dritten Reich darf kein Tier mißhandelt werden« und eine Tierschutzgesetzgebung eingeführt hat, die vorbildlich war und ist; und das war keine Bemühung um allgemeine Beliebtheit, denn die Bauern sagten doch: »Is ja kein Christ, is ja ein Viech« und ließen sich nicht gerne verbieten, mit ihren Tieren zu tun, was immer sie wollten. [...] Aber das Unheil, das Hitler, zum Teil wider Willen, angerichtet hat, ist damit doch leider nicht aus der Welt geschafft, daß er es ehrlich gemeint hat?!

Du selbst hast – ich glaube, etwas zu einseitig, Röhm als positive Gestalt gewählt (Märtyrer der SA-Hoffnungen war er – mit 4000 anderen von der alten Garde, ja wirklich). Aber Hitler ließ ihn erschießen. Entweder aus Überzeugung, oder gegen besseres Wissen, schweren Herzens, vielleicht nicht nur aus Schwäche, sondern weil er glaubte, so retten zu können, was zu retten war. Dennoch aber hat Hitler für 11 von den 12 Jahren des Dritten Reiches nicht den Hoffnungen der SA präsidiert, sondern dem SS-Staat. Wie kannst Du dann zugleich Röhm preisen und das Bild Hitlers als unbeschädigtes Vorbild wahren wollen? Verständnis, psychologisch und menschlich, ja, für jeden Menschen, auch für den »ärgsten Feind«. Aber als Vorbild? Wo gerät man bei einem solchen Konflikt hin? Oder nur, weil die Gegner oder »der Feind« überhaupt nichts davon verstehen wollen? Das ist zwar ritterlich, aber kein genügend guter Grund. Außerdem sind nicht alle Gegner von Haß und Verleumdungswillen motiviert, z. B. ich nicht, und viele Freunde von mir nicht. [...]

Dabei fällt mir ein, daß die von Dir erwähnte Zeitschrift *Diagnosen* über Dich und mich – und über den leider ganz bald nach unserer Begegnung gestorbenen Dr. Achterberg wirklich entstellend und verleumderisch berichtet hat. Es hieß auch, ich wolle dich erziehen und mit dem Altnazi Achterberg in Kontakt bringen, der Dir sicher einige Anregungen geben könne. Das beruht auf einigen Antworten, die ich auf Fragen in der *Akademie der Künste* in Berlin vor langer Zeit gab. Von Erziehen hatte ich kein Wort gesagt, und ich hatte ausdrücklich gesagt, daß Achterberg längst kein Nationalsozialist sei und daß ich eben Deine Bereitschaft, mit einem solchen Mann zu sprechen, als intellektuellen Mut und Offenheit betrachte.

So – für heute kann ich nicht weiterschreiben. Einstweilen nur alles Gute für Dein persönliches Schicksal, das mir trotz aller ideologischen Fragen doch keineswegs unwichtig ist!

Alles Gute!
Dein
Erich (Fried)

Hugo Stitz an Erich Fried
Unterburg, 14. September 1987

An Fried!

Ihr Auftritt als »Fest«-Redner machte das Fest zum Unfest. Sehr schade! Vorher munkelte man, Sie könnten sich im »Ton« vergreifen. Doch die Vernunft werde schließlich zur Sachlichkeit zwingen – meinten viele. Doch was ist schon die Vernunft, wenn im Herzen blinder Haß lodert. Da geht eben der Mund über. Ich hab' mitten im Unflat Ihrer Rede abgeschaltet, weil ich mich Ihretwegen – schämte! Was ich aber hörte – reichte mir! Ihre Einleitung, übelster Pharisäismus: »Ich nenne keinen Namen. Es trifft nur den obersten Politiker!« Sollten Sie es nicht wissen, er heißt Waldheim! Doch dieser edle Name geht wohl nicht über Ihre ungewaschenen Lippen. Gut für Waldheim. So kommt er mit dem Geifer in Ihrem Munde nicht in Berührung! Sie sind emigriert. Ich freue mich mit Ihnen, daß Sie dadurch dem größten Skandal der Weltgeschichte nicht zum Opfer fielen. Ihr Leben sollten Sie aber nicht dazu mißbrauchen, daß Sie in Niederungen absinken, die eines echten, aufrichtigen Juden nicht würdig sind … Sie bedauern es, daß unlängst einigen Juden Unrecht geschah, ich genauso. Vor allem, weil immer vollständig Unschuldige zum Handkuß kommen. Sie wurden scheel angesehen, beschimpft, sogar angespuckt. So weit, so schlecht! Sie fanden dafür einen platten, unoriginellen Ausdruck: »Es ginge auf keine Kuhhaut.« Wäre ich ein Dichter, ich fände originellere und kräftigere Ausdrücke dafür … Doch bleibt Ihnen verborgen, daß Sie und Ihresgleichen aus jüdischen und nichtjüdischen Kreisen, die gegen Waldheim und Österreich hetzten und noch hetzen, ein Maß von Mitschuld tragen! *Vor* dem unnötigen Waldheimwirbel gab es solches doch nicht in diesem Ausmaß. Oder? Nun umgekehrt: War das ekle Pfeifkonzert im Saal nicht auch eine moralische Bespuckung unseres verehrten Staatsoberhaupts? Und alle Schmutzkübeln, die seitens einiger Juden u[nd] mancher Nichtjuden über ihn ausgegossen wurden, durch fast schon 2 Jahre auch zum Schaden Österreichs, das hat doch auf vielen Elefantenhäuten nicht Platz, um Ihre Ausdrucksweise zu verwenden. Vergleicht man das, was man Waldheim und Österreich angetan, mit dem obigen Unrecht an den Juden, schneidet der Vergleich *zugunsten* der Juden ab. Gott sei Dank. Und Gott sei Dank wurde obiges sowohl von der Behörde wie von der überwiegenden Mehrheit des Volks verurteilt und strikte abgelehnt. Die Hetze gegen Waldheim aber geht ungestraft munter weiter. Das ist der Unterschied, Dichter Fried, wenn Sie ihn nicht sehen sollten.

Und warum die Hetze gerade jetzt? Ich will in Ihr Unterbewußtsein hineinleuchten, Dichter Fried! Eine internationale Kommission ist am Werk. In 3 Monaten soll das Ergebnis vorliegen! Warum also Ihre und Ihresgleichen Eile? Ja *jetzt* kann man eben ohne stichhaltiges Material seine Goschen bis zu den Wolken aufreißen. Es wäre doch *nachher* viel ehrlicher, wenn Belastendes vorläge, (Schein-)Material, wollt' ich sagen! Und wenn *nicht*, müßte man die Goschen logischerweise halten. Und das – fürchtet man! Drum jetzt! Dieses Spiel ist leicht durchschaubar! Man kann sich noch auf »reine Dichtung« stützen! ! !

Zurück zur Kommission: Wäscht sie Waldheim rein, sagen manche Ihrer schäbigen Genossen, aus welchen Reihen immer, werde man es nicht zur Kenntnis nehmen… Kein gesundes Rechtsempfinden! Selbst einen Schiedsrichter im Fußball respektiert man, selbst eine Fehlentscheidung! Nun umgekehrt. Aus Rechtsempfinden würde ich »belastendes« Material gegen Waldheim *nicht* zur Kenntnis nehmen. Grund: Ich selbst habe als Priester (an »Wertschätzung« kamen wir damals ja gleich nach den Juden!) einen Akt unterschrieben. Würde man ihn heute unvoreingenommen lesen, würde man mich ohne Böswilligkeit für einen echten Nazi halten. Obwohl ich wegen einer Predigt den Arrest von innen kennenlernte. Doch was tut man nicht, wenn die Pistole droht oder ein Schwert, das den Kopf vom Leib trennen möchte? Was sagt so ein erzwungener Akt von der wahren Gesinnung eines Herzens aus? – Oder: Mein cerebralgeschädigter Neffe wurde, wie viele, vergast. Meine Schwester bekam einen amtlichen Schein: »Erwin gestorben, Geschwür am Nacken.« Die Zusendung der Urne wurde angeboten. Meine Schwester hat auf diese »Freundlichkeit« gerne verzichtet. Wer weiß, was da drinnen ist. Zwei erlebte Beispiele, wie Dokumente von damals zu werten sind. Entweder durch Morddrohungen erzwungen oder – erstunken, erlogen. Das sind Runen, die für einen aus der Ferne oder als nachher Geborener *nicht* zu enträtseln sind. Ich würde solche »Dokumente« nicht einmal als Clo-Papier verwenden, weil sie mir schon *vor* Gebrauch zu dreckig und zu »anrüchig« wären. Ist das klar? Wer solches nicht glauben will, ist in meinen Augen – ein Voll-Idiot!

Dichter Fried, dichten Sie weiter in causa Waldheim. Ich kann es nicht verhindern. Aber echte Lorbeeren werden Sie damit nicht erreichen. […]

Noch eines: Ich stehe voll und ganz zum Vergleich eines Dr. Hödl, obwohl hohe geistl. Würdenträger sich davon distanzieren. […] Die Waldheim-Hetzer, wer immer sie sind, verlangen im nachhinein etwas, was Waldheim unweigerlich in Jesu Schicksal gedrängt haben würde. Nämlich – seinen gewaltsamen Tod. Er hätte seine Pflicht als Soldat nicht erfüllen dürfen. Das aber ist in jedem Heer der Welt strafbar. Verschieden nur das Strafausmaß. […]

In tiefer Verachtung, nicht weil Sie Jude sind, sondern in so häßlichen Vorstellungen wohlig wühlen – es sei denn, Sie rücken davon ab –
zeichnet unter diesen bewußt groben Brief
Hugo Stitz

Erich Fried an Hugo Stitz
18. September 1987

Lieber Hugo Stitz,

Ihr Temperament ist mit Ihnen durchgegangen und hat Ihren Brief schimpflich gemacht. Für einen alten Priester ist da auf den ersten Blick von Caritas oder von Feindesliebe sehr wenig zu bemerken, allerdings, daß Sie sich mit so einem Scheusal, wofür Sie mich offenbar halten, überhaupt hinstellen und sogar noch Beispiele aus Ihrem eigenen Leben bringen, zeigt, daß Sie doch einen besseren und menschenfreundlicheren Kern haben.

Sie irren sich. Ich geifere nicht mit ungewaschenen Lippen, und es wäre besser, Sie hätten den ganzen Text meiner Rede gelesen oder wenigstens den Auszug zu Ende gehört, statt sich an Reizworten zu stoßen und so wütend zu werden, daß Sie das Übrige gar nicht mehr hören oder begreifen.

Als Kurt Waldheim seine Antrittsrede als Bundespräsident hielt, habe ich, trotz meiner Gegnerschaft im Wahlkampf, in der »Wochenpresse« veröffentlicht, daß ich diese Rede für staatsmännisch und gar nicht schlecht hielt, weit besser als eine ungefähr gleichzeitige Rede des deutschen Bundeskanzlers. Und ich habe dann auch auf Fragen öffentlich geantwortet, daß ich es nicht als meine Aufgabe sehe, einen Menschen ewig als Feind zu behandeln, auch wenn er etwas Gutes sagt! Leider hat Dr. Waldheim seither wieder Dinge gesagt, durch die er Österreich in der Welt geschadet hat, zum Beispiel als er den Versuch, mit den Ereignissen der Hitlerzeit klarzukommen, Masochismus und Selbstzerfleischung nannte und zugab, nicht zu wissen, was Trauerarbeit ist. Der einfache Staatsbürger muß Mitscherlichs »Unfähigkeit zu trauern« nicht kennen. Ein führender Politiker ist heute durch solche Unkenntnis disqualifiziert.

[...] Ich glaube nicht, daß [Waldheim] ein Kriegsverbrecher oder ein großer Nazi war. Ich glaube, er war ein kleiner Opportunist. Und wenn er nachher ehrlich gewesen wäre, so hätte keiner etwas gegen ihn sagen können. Märtyrertum verlange ich von keinem Menschen. Aber wenn er im Wahlkampf gerade in Kärnten, wo der Heimatdienst die slowenische Minorität verfolgt, erklärt: »Hier in diesem Land weiß man ja, daß ich im Krieg die Heimat verteidigt habe!«, so ist das anmaßend. Die Heimat verteidigt wurde von Widerstandskämpfern, nicht von Offizieren der Hitlerschen Wehrmacht. Und warum hat er sich von den antisemitischen Untertönen seiner Wahlkämpfer nicht distanziert, wie es der Anstand geboten hätte?

Und warum ist seine Doktorarbeit aus dem Krieg, in der er die Einverleibung Hollands und der Schweiz ins Großdeutsche Reich gefordert hat, vor Anfang des Wahlkampfes von seiner Wahlkampfleitung aus der Bibliothek entliehen und trotz wiederholter Mahnung erst nach den Wahlen zurückgegeben worden?

Und warum hat er gesagt, daß er nach seiner Verwundung nicht wieder auf dem Balkan im Dienst war und sich erst dann nachträglich erinnert? Ich glaube ja nicht, daß er irgendwas Arges gemacht hat, aber gewußt und gegengezeichnet hat er manches. Hätte er gesagt, daß ihn diese Zwangslage noch nachher bedrückt hat, dann hätte ihm niemand etwas vorwerfen können.

[…] Ich bin alles andere als erbarmungslos, ich habe mich auch gegen die lange Haftstrafe für einen prominenten jungen Neonazi in Deutschland eingesetzt, habe in meiner Rede auch gesagt, daß auch Hitler kein geborener Teufel, sondern zunächst das Opfer einer unmenschlichen Erziehung war, deren Grausamkeit ihn kaputt gemacht hat. Ich habe auch gesagt, daß jetzt viel zu viel auf Waldheims Kopf ausgetragen wird und daß es nicht um den einen Menschen geht, sondern um Aufarbeitung der Vergangenheit Österreichs.

Was den unmöglichen Brief Vizebürgermeisters Hödl betrifft, so ist dieser ganze Satz, daß Christus von den Juden gekreuzigt wurde, von der Kirche jetzt mit

Recht – doch viel zu spät – widerrufen worden. Jesus war, wie die heutige Jesusforschung weiß, nach seinem Selbstverständnis doch bis zu seinem letzten Atemzug selbst ein Jude, der nicht gekommen war, das Gesetz aufzuheben, sondern es zu erfüllen. Was erstarrt war, das wollte er mit neuem Leben erfüllen! Er war ein Pharisäer, aber ein rebellischer und kritischer, und seine Freunde waren zum Teil Essener. Auch das letzte Abendmahl fand in einem essenischen Haus statt, was aus den Beschreibungen in den Evangelien klar wird. Seine Feinde waren die Sadduzäer, die Partei der Reichen. Die hatten auch das Hohepriesteramt inne. Die Kreuzigung war eine innenpolitische Angelegenheit der Juden, ein an einem Juden vollbrachtes Verbrechen. […]

Wenn Sie wollen, kann ich Ihnen den Gesamttext meiner Rede zukommen lassen. […] Ich gebe Ihnen meine Londoner Adresse an: 22, Dartmouth Road LONDON NW2 und bleibe mit schönem Gruß Ihr Gegner

Erich Fried

P.S. Eigentlich müßten Sie sich bei mir entschuldigen – aber es sei Ihnen erlassen!

Erich Fried an Ossip K. Flechtheim
4. November 1988

Ich wollte Dir eigentlich ein Gedicht oder eine Würdigung zu Deinem 80. Geburtstag schreiben, lieber Ossip, aber ich bin ins Krankenhaus gekommen, bevor ich das tun konnte. Was ich zu sagen hab, ist ungefähr dies:

Daß Du Deinen Erkenntnissen treu geblieben bist, auch dann, wenn sie unmodern, ja untragbar geworden schienen, daß Du diese Erkenntnisse dennoch nicht fetischisiert hast, daß Du nicht versucht hast, sie unkritisierbar zu machen, daß Du immer lernfähig geblieben bist, daß Du dort, wo Du einer Bewegung nur teilweise zugestimmt hast, diese Begrenztheit Deiner Zustimmung, wenn die Bewegung von allen Seiten angefeindet wurde, nicht zur Abkehr von ihr benutzt hast, sondern gerade dann lebhafte kritische Solidarität bezeugt hast. Daß Du Deine soziologischen und historischen Erkenntnisse nicht von psychologischer Beleuchtung ferngehalten hast, sondern versucht hast, das alles zu vereinigen und lebendig zu machen, und Deine Hilfsbereitschaft, privat, verschiedenen Leuten gegenüber, auch solchen, die nicht ganz mit Dir politisch [...] übereingestimmt haben. Das sind so die Eigenschaften, die ich da behandelt hätte.

Alles, alles Gute und Liebe, lieber Ossip!
[Erich]

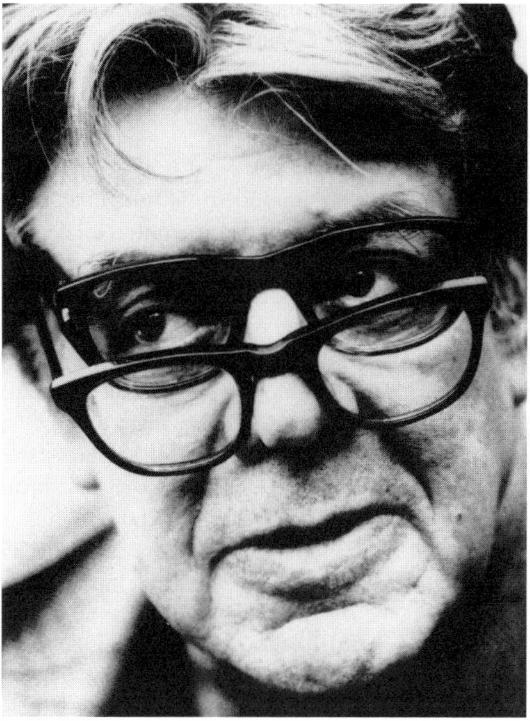

1986

Abkürzungen/Siglen

Werke Erich Frieds

AuN – Erich Fried: *Anfragen und Nachreden. Politische Texte.* Hg. v. Volker Kaukoreit. Berlin: Wagenbach 1994.

GW – Erich Fried: *Gesammelte Werke.* Hg. v. V. Kaukoreit und Klaus Wagenbach. 4 Bände. Berlin: Wagenbach 1993. [Ein Verweis wie beispielsweise GW 3, 261 bezieht sich auf Band 3, S. 261 der Werkausgabe.]

Weitere Literatur

Bildband – *Erich Fried. Ein Leben in Bildern und Geschichten.* Hg. v. Catherine Fried-Boswell u. V. Kaukoreit. Berlin: Wagenbach 1996.

Brand – Tilman von Brand: *Öffentliche Kontroversen um Erich Fried.* Berlin: Wissenschaftlicher Verlag Berlin 2003.

Chronik – Erich Fried: *Eine Chronik. Leben und Werk: Das biographische Lesebuch.* Hg. v. Christiane Jessen, Volker Kaukoreit u. Klaus Wagenbach. Berlin: Wagenbach 1998.

C. Fried – Catherine Fried: *Über kurz oder lang. Erinnerungen an Erich Fried.* Aus dem Englischen von Eike Schönfeld. Berlin: Wagenbach 2008.

Einblicke/Durchblicke – *Einblicke – Durchblicke. Fundstücke und Werkstattberichte aus dem Nachlaß von Erich Fried.* Wien: Turia + Kant 1993.

Lampe – Gerhard Lampe: Ich will mich erinnern an alles was man vergißt. *Erich Fried. Biographie und Werk.* Köln: Bund-Verlag 1989.

Muse – Erich Fried: *Die Muse hat Kanten. Aufsätze und Reden zur Literatur.* Hg. v. V. Kaukoreit. Berlin: Wagenbach 1995.

Westbourne Terrace – *126, Westbourne Terrace. Erich Fried im Londoner Exil (1938–1945). Texte und Materialien.* Hg. v. V. Kaukoreit und Jörg Thunecke. Wien: Turia + Kant 2001.

Sonstige Abkürzungen:

EV = Erstveröffentlichung; **Ü** = Überlieferung

ÖLA = Österreichisches Literaturarchiv der Österreichischen Nationalbibliothek, Wien

↓ **Seite 7/8**: Erich Fried an *Die Wahrheit* (1930)

EV: Unter dem Titel »Ruf eines Kindes an die Menschen«. In: *Die Wahrheit. Jüdische Wochenschrift* – Nr. 1 (3.1.1930). Wien, S. 4 (Text danach unter Hinzufügung von zwei fehlenden Zeilen nach Lampe, S. 52)

Dem 1909 in Lettland geborenen, in Deutschland studierenden Philipp Halsmann wurde vorgeworfen, seinen Vater 1928 bei einer Bergwanderung in Tirol von einem Hang heruntergestoßen zu haben. Halsmann wurde zunächst zu 10 Jahren, in einem Berufungsprozeß zu 4 Jahren Kerkerhaft verurteilt und 1930 – nicht zuletzt auch durch Fürsprache von Albert Einstein, Sigmund Freud und Thomas Mann – begnadigt. Später führte ihn die Emigration in die USA, wo er sich international als Fotograf einen Namen machte. Rund um seine Causa kam es in der Öffentlichkeit zu mannigfachen antisemitischen Anwürfen. Der Brief ist der erste erhaltene und insofern ein interessantes Dokument, selbst wenn die redaktionelle Vorbemerkung nicht ganz den wirklichen Tatsachen entsprechen dürfte: »Den folgenden Aufsatz sendet uns die Mutter eines achtjährigen Knaben mit der Versicherung, daß ihr, wie nach dem Aufsatze zu schließen, äußerst talentierter Sohn diese Zeilen selbst geschrieben hat.«

↓ **Seite 9/10**: Erich Fried an Stefan Zweig (1939)

Ü: ÖLA Typoskript, 2 Bl. (Fragment); Absenderadresse: 67. Priory rd / London NW 6; Datum: 19. Oktober 1939; EV: Westbourne Terrace (Auszug auf der hinteren Umschlagseite)

Der maschinenschriftliche Brief ist (bisher) nur als Fragment überliefert. Es fehlt die zweite Seite, auf der dritten Seite, von der im vorliegenden Band ein Ausschnitt wiedergegeben wird, bricht das Schreiben ohne Grußformel ab. Es ist unklar, ob jemals ein Brief Erich Frieds den prominenten Adressaten (1881–1942), der sich in der betreffenden Zeit im Londoner Exil aufhielt, erreicht hat.

Visa für Konzentrationslagerhäftlinge etc.: Um nach England einreisen zu können, brauchten die von Hitler verfolgten Ausländer Visa, die nur unter strengen Auflagen erteilt wurden, u. a. finanzielle Garantien (wie sie für Fried dessen im Brief angesprochener, in den Niederlanden lebender Onkel Franz Kalina übernommen hatte) oder den Nachweis eines gesicherten

Arbeitsplatzes, den Fried und seine Freunde für die Notbedürftigen pro forma ›erkauften‹, worüber der Schriftsteller auch in seiner Geschichte »Bleirohre« schreibt (GW 4, 572–574).
Kommittee: Das »Jewish Refugees Committee« in London, bei dem Fried ab Ende März 1940 für einige Monate als Aushilfskraft arbeitete; vgl. auch »Mein Stipendium« (GW 4, 602–604).
einen kleinen Kreis: Die »Emigrantenjugend«.

↓ **Seite 11–13**: Erich Fried an Lux und Gerti Furtmüller (1940)
Ü: ÖLA (Sammlung Furtmüller, Sign.: 22/B1/7), Typoskript mit eigenhändiger Unterschrift, 1 Bl.; Absenderadresse: 102. Alexandra road; Datum: Montag [1940 erschlossen, vermutlich zwischen September und Dezember]; EV: Westbourne Terrace, S. 232f. (Text danach, leicht gekürzt)

Erich Fried hatte das junge österreichische Ehepaar Lux (Sohn des Wiener Pädagogen und Individualpsychologen Carl Furtmüller) und Gerti Furtmüller vor Kriegsbeginn in London kennengelernt. Nach deren Wegzug aus London entwickelte sich ein reger Briefwechsel, der durch politische Divergenzen zwischen 1941 und 1944 unterbrochen wurde. Danach hielt Fried mit der Familie Furtmüller bis zu seinem Tod freundschaftlichen Kontakt.
Judith: In die in etwa gleichaltrige Emigrantin Judith Sternberg (1920–2003), Tochter des deutschen SAPD-Politikers und Publizisten Fritz Sternberg (1895–1963) hatte sich Fried 1940 (unglücklich) verliebt.
Schrapnells: Hier wohl als allgemeine Bezeichnung für Geschoßsplitter verwendet.
Courts: In diesem Zusammenhang die Herrenhäuser in dem District zwischen Regent's Park und Queen's Park.
Dr. Paul Rosenberg: Exilierter Wiener Schriftsteller, der offenbar gerade aus der englischen Internierung entlassen worden war.
protected area: Schutzzone(n) in Südengland mit Aufenthaltsverbot für gewisse Ausländer, vor allem jene Exilanten, die als ›enemy aliens‹ eingestuft waren.

↓ **Seite 14**: Heinrich Mann an Erich Fried (1945)
Ü: ÖLA; Manuskript, 1 Bl.; Absenderadresse: 301 So. Swall Drive / Los Angeles 36, Calif.; Datum: 19. Juli 1945; EV: Abbildung des Originals in: Einblicke/Durchblicke, S. 108

Seine erste selbständige Lyrikpublikation, die 1944 im Verlag des Austrian P.E.N. in London erschienenen antifaschistischen »Deutschland«-Gedichte, hatte Fried sowohl an Heinrich Mann (1871–1950) als auch an dessen Bruder Thomas (1875–1955) nach Kalifornien geschickt; von ihm ist ein ähnlicher Brief erhalten. Die von Heinrich Mann erwähnten Gedichte in GW 1, 15, 29f. u. 32.

↓ **Seite 15–18**: Erich Fried an Ilse Aichinger (1948)

Ü: ÖLA, Typoskript/Durchschlag, 3 Bl.; Absenderadresse: 59. Springfield Road, / London. NW 8; Datum: Freitag, 12. März [1948, erschlossen]

Deines Manuskripts: Der Roman *Die größere Hoffnung* (1948), zu dessen Manuskript-Fassung Fried, wie weitere Briefe belegen, auch zahlreiche Korrekturvorschläge gemacht hat, und den er 1949 enthusiastisch in Alfred Döblins Zeitschrift *Das Goldene Tor* besprach. Der spätere Kontakt zwischen Fried und Aichinger (geb. 1921 in Wien) war eher sporadisch, wenn auch von großem Respekt Frieds insbesondere gegenüber der Lyrikerin geprägt.

Franz Steiner: Franz Baermann Steiner (1909–1952), ein ›literarisches Gewissen‹ Frieds im Londoner (Nach-)Exil; Fried hatte sich zeitlebens – vergeblich – um die literarische Anerkennung Steiners bemüht.

Roman ›Die Falle‹: Eine Erzählung namens »Die Falle« floss später in Frieds Roman *Ein Soldat und ein Mädchen* von 1960 ein (GW 4, 5–211, insbes. 101–121) und gehört somit in den Rahmen von dessen komplexer Entstehungsgeschichte ab 1945/46.

Helga: Aichingers Zwillingsschwester, über die Fried Ilse Aichinger in der Nachkriegszeit in London kennengelernt hat.

Ruth: Tochter von Helga Aichinger.

↓ **Seite 19/20**: Paul Celan an Erich Fried (1952)

Ü: ÖLA, Manuskript, 2 Bl.; Absenderadresse / Datum: 31, rue des Ecoles / Paris, den 12.1.52; © Eric Celan (Paris) und Suhrkamp Verlag (Frankfurt am Main)

Paul Celan (1920–1970) reagierte auf einen Brief Frieds vom 9.11.1951, in dem dieser sich als »schlechter Briefschreiber« bezeichnete. Beide hatten sich wahrscheinlich bereits Ende der 1940er Jahre in London kennengelernt und waren einander über viele Jahre wohlgesonnen. In einem Brief an Ingeborg Bachmann (1926–1973) vom 30.10.1951 beschreibt Celan Fried als »erfrischend, belebend durch Herzlichkeit und Waerme. Eine fraglos sehr deutliche, starke dichterische Begabung« (*Herzzeit. Ingeborg Bachmann – Paul Celan. Der Briefwechsel.* Hg. v. Bertrand Badiou u.a. Frankfurt am Main: Suhrkamp 2008, S. 34f.). Später kam es zu »Verstörungen« zwischen den beiden Schriftstellern, wobei auch Frieds massive Kritik an Israels Politik in den 1960er Jahren eine Rolle spielte.

»Soldat und Mädchen«: Gemeint ist offenbar der Basis-»Bericht« aus *Ein Soldat und ein Mädchen* (GW 4, 7–41), den Fried unter dem Titel »Das Letzte« bereits 1951 fertiggestellt hatte und dann zu einem »modernen Roman« zu erweitern trachtete.

Ihr Gedicht: »Wer nicht ausgeht« (GW 1, 107f.).

das Ihnen gewidmete »Auf Reisen«: Gedicht, das im Herbst 1952, abweichend von einer Fried gewidmeten handschriftlichen Fassung im Nachlaß Frieds, in Celans Sammlung *Mohn und Gedächtnis* erschien.

↓ **Seite 21–23**: Erich Fried an Robert Bialek (1954)

Ü: ÖLA, Typoskript/Durchschlag, 3 Bl. (Text danach, leicht gekürzt); Absenderadresse: 34, Dartmouth Park Rd., / London NW 5; Datum: 17. September, 1954

1943 hatte sich der 1915 in Breslau geborene Robert Bialek, der als kommunistischer (der KPD allerdings kritisch gegenüberstehender) Widerstandskämpfer von den Nationalsozialisten über Jahre eingesperrt worden war, aus der Haft befreien können, woraufhin er im Breslauer Untergrund lebte und nach dem Krieg als ›Vertriebener‹ nach Sachsen kam. Nach einer mehr oder weniger steilen politischen Karriere geriet er zusehends in Widerspruch mit den ostdeutschen Parteidoktrinären, die ihn 1952 aus der SED ausschlossen. Nach seiner Flucht aus der DDR (1953) wurde er SPD-Mitglied in Westberlin. Dort begann er auch seine Tätigkeit als BBC-Korrespondent und suchte in diesem Kontext brieflich am 4.8.1954 Kontakt zu seinem Londoner Kollegen.

Jugendverband: Den österreichischen kommunistischen KJVÖ verließ Fried im Spätherbst 1943.

Kulturbundes: Der (von Kommunisten kontrollierte) »Freie Deutsche Kulturbund« (FDKB) mit seiner Jugendorganisation

»Freie Deutsche Jugend« (einer der Exil-Vorläufer der gleichnamigen ostdeutschen Massenorganisation, in der auch Bialek eine führende Rolle spielte).

Kuba, Kamnitzer und Andre Asriel: Kurt Barthel (1914–1967; Schriftsteller und Dramaturg; ab 1954 im ZK der SED), Heinz Kamnitzer (1917–2001; Schriftsteller) und Andre Asriel (geb. 1922; Komponist) waren Exil-Freunde Frieds aus dem Umkreis des FDKB, die in Ost-Deutschland eine neue politisch-intellektuelle Heimat suchten.

Freitagsendung: Im September 1954 wurde Fried, der schon vorher daran beteiligt war, von der BBC die alleinige Zuständigkeit für das freitäglich ausgestrahlte ›Ostzonen‹-Feature »Intimus« übertragen, das er als ›unorthodoxer Sozialist‹ bis 1968 betreute (zu den Themen einzelner Sendungen siehe Einblikke/Durchblicke, S. 59–65).

Varga: Der marxistische Wirtschaftswissenschaftler Eugen Varga (1879–1964).

Lukács: Der Literaturwissenschaftler und Philosoph Georg Lukács (1885–1971).

in Berlin kennenlernen: Bialek antwortete erst am 11.11.1954 auf den Brief von Fried, dem er höflich in Aussicht stellt, über die eine oder andere Meinungsverschiedenheit bei einem London-Besuch im Januar 1955 persönlich zu diskutieren. Ob sich beide anschließend (in London oder Berlin) gesehen haben, ist nicht bekannt, auf jeden Fall erhielt Fried noch im Dezember 1955 Weihnachtsgrüße von Bialek und dessen Frau Ingeborg. Die Spuren Bialeks verloren sich mit seiner Entführung durch die Stasi nach Ostberlin im Februar 1956.

↓ **Seite 24–28:** Erich Fried an E. R. Nele (1955)

Ü: ÖLA, Typoskript/Durchschlag mit eigenhändiger Unterschrift, 2 Bl.; Absenderadresse: 94, Fleet Road / London, Hampstead, NW 3; Datum: 23. Oktober 1955

E. R. Nele, die in den 1950er Jahren noch Nele Bode hieß, geboren 1932 in Berlin, lebt als Bildhauerin, Graphikerin und Designerin in Frankfurt am Main. Sie hatte Fried während ihres Kunststudiums an der Central School of Arts and Crafts 1951/52 in London kennengelernt, wo sie in der Nähe des Schriftstellers in Hampstead wohnte. Daran erinnert sie sich (in einer Email an den Hg.): »Er hatte ein offenes Haus, ab 10 Uhr abends gab es Tee und Kekse und Erich Fried las aus seinen Arbeiten des Tages oder seinen Dylan Thomas Übersetzungen vor.« 1955 ging Nele vorübergehend zurück nach Kassel, wo ihr Vater im gleichen Jahr die erste »Documenta« ausrichtete. Eine ihrer zahlreichen Ausstellungen ist »Holocaust, Erich Fried Hommage« (Frankfurt, 1997).

Verheiratetsein: Mit Nan Spence-Eichner (1926–1977). Aus dieser 1952 geschlossenen Ehe stammen die Kinder David (geb. 1958) und Katherine (geb. 1961). Die Scheidung erfolgte erst im Juni 1964, nachdem Nan bereits mit Frieds Bekanntem Karsten Leunbach, dem Ex-Ehemann seiner Interims-Geliebten Anette Schiøler, nach Dänemark gezogen war. Eine nochmalige Scheidung wurde 1965 aus formal-juristischen Gründen in England nötig.

Rikowsky: Freund von Fried, ein deutscher Emigrant, der in London als Handwerker (Maler und Tapezierer) arbeitete.

↓ **Seite 29–33**: Erich Fried an Josefine Freisler (1959)

Ü: ÖLA, Typoskript u. Typoskript/Durchschlag (mehrere Fassungen, s. unten); Datum: s. unten

Die Entstehungsgeschichte bzw. Überlieferungslage dieses Briefs ist ein wenig kompliziert: Am 13.2.1959 schickte Josefine Freisler aus Döbeln in Sachsen (DDR) einen kurzen Brief nach London mit der Bitte, daß sich der angeschriebene »Herr Fried« melden möge, falls er ihr »kleiner Junge« sei. Fried antwortete am 18. Februar, wobei dieser Brief offenbar verlorenging. Einen Monat später fertigt er davon eine Abschrift an, die er um einen längeren Absatz ergänzt und mit der Schlußformel versieht »Bis dahin alles alles Liebe und Gute!«. Der hier wiedergegebene Brief entspricht wohl dem ersten Schreiben Frieds aus dem Februar. Über sein Kindermädchen Josefine »Fini« Freisler (später verheiratete Freisler-Eckelmann), deren Eltern in Gaaden bei Wien wohnten, schrieb Fried die Geschichte »Fini« (GW 4, 617–622).

Wunderkind: Fried beschrieb seine »Wunderkinderzeit« in seinem autobiographischen Buch *Mitunter sogar Lachen* (GW 4, 532–537).

↓ **Seite 34–36**: Erich Fried an Elias Canetti (1959)

Ü: ÖLA, Typoskript/Durchschlag ohne Unterschrift, 2 Bl. (Text danach, leicht gekürzt); Absenderadresse: ohne; Datum: 19. Dezember 1959

Fried hatte Canetti (1905–1994) im Londoner Exil kennengelernt. Er verdankt ihm wichtige Bekanntschaften (z. B. mit Ingeborg Bachmann) und literarische Anregungen, wie er umgekehrt Canetti behilflich war, indem er dessen großen Essay »Masse und Macht« (1960) an den Claassen Verlag vermittelte. Gegen Ende der fünfziger/Anfang der sechziger Jahre hatten beide sogar eine gemeinsame Sekretärin. Das Verhältnis zwischen den beiden Schriftstellern blieb jedoch schwierig.

Vorabdruck über das Ergreifen, Einverleiben und Essen: Auszug aus dem »Masse und Macht«-Kapitel »Die Eingeweide der Macht« unter dem Titel »Aspekte der leiblichen Macht«. In: *Neue deutsche Hefte* – Nr. 65 (Dez. 1959), S. 802–812. Fried bezieht sich gleich anschließend auch auf das Kapitel »Der Überlebende«, das bereits im vorhergehenden Jahrgang der *Neuen deutschen Hefte* (S. 279–306) auszugsweise erschienen war.

Wilfred Owen: Englischer ›war poet‹ (1893–1918), erklärtes dichterisches Vorbild für Erich Fried.

(p. 8 in meinem Bändchen): Frieds erste westdeutsche, bei Claassen 1958 erschienene Lyrik-Sammlung *Gedichte* (das Gedicht: GW 1, 524).

Kramer: Der österreichische, seit 1941 mit Fried befreundete (Exil-)Schriftsteller Theodor Kramer (1897–1958).

Schränkern: Schränker, aus dem Gauner-Jargon, Einbrecher(bande).

Beutezügen: Dazu die autobiographische Geschichte »Bleirohre« (GW 4, 572–574).

Ernst Jünger: Fried hat »Auf den Marmorklippen« (1939) des umstrittenen Schriftstellers (1895–1998) wie viele andere auch – als »Widerstands«-Roman verstanden (MhK, S. 148f./228f.).

Dr. Erhard: Mit einem pausbäckigen Kopf-Konterfei versprach der damalige (CDU-)Wirtschaftsminister Ludwig Erhard auf einem Wahlplakat 1957 »Wohlstand für alle«.

Potlatsch: Indianisches Fest mit brutalen Häuptlingskämpfen, thematisiert in einem Unterkapitel von »Die Eingeweide der Macht« (*Zur Psychologie des Essens*).

↓ **Seite 37–39**: Erich Fried an Hans Pollak (1961)

Ü: ÖLA, Typoskript/Durchschlag ohne Unterschrift, 2 Bl.; Absenderadresse: ohne; Datum: 13. Mai 1961

Hans Pollak, Frieds ehemaliger Deutschlehrer und Schuldirektor am Wiener Wasa-Gymnasium, erkannte schon früh das schriftstellerische Talent seines Schülers und förderte ihn. 1934 mußte der bekennende Sozialdemokrat den Direktorposten aufgeben. Später emigrierte Pollak zuerst nach Amerika und schließlich nach Australien.

»in partibus infidelium«: s. unten, Erläuterung zu »Ihr Alter«

Herrn Torberg: Friedrich Torberg (1908–1979) schrieb anläßlich der österreichischen Premiere von *The Elder Statesman* von T. S. Eliot (1888–1965) in der Übersetzung Frieds am 30.4.1961 eine Kritik in *Die Presse* (Wien). Vermutlich haben Fried und Eliot sich 1959 anläßlich der Übersetzungsarbeit kennengelernt.

zweites Baby: Katherine (›Kathy‹), geb. 1961 (aus der Ehe mit Nan Spence-Eichner).

mein Roman: *Ein Soldat und ein Mädchen* (1960), GW 4, 7–211.

Dr. Adenauers und der CDU: Die CDU hatte den SPD-Bundeskanzlerkandidaten Willy Brandt u.a. wegen seines Exils nach Hitlers Machtergreifung attackiert, etwa in der CDU-Broschüre »Wer ist Willy Brandt?« aus dem Frühjahr 1961. Konrad Adenauer hatte bereits 1948 den Emigranten unterstellt, daß sie den Belangen der entstehenden Bundesrepublik schaden würden.

Ihr Alter: In einem Nachtrag zu seinem Schreiben vom 2.5.1961 an Fried hatte Pollak zu seiner Person notiert: »d.z. 76, bis vor kurzem noch part-time Lecturer [in Linguistics] in partibus infidelium« (›in den Gebieten der Ungläubigen‹, die lateinische Formel wurde ursprünglich in der Abkürzung ›i.p.i.‹ dem Titel von katholischen Bischöfen angehängt, die in nicht (mehr) christlichen Regionen tätig waren).

Dr. Bruno Adler: Emigrierter Schriftsteller, Publizist und Kunsthistoriker (1889–1968, Pseud. Urban Roedl), ein – wie der in diesem Band erwähnte Franz Baermann Steiner – für Fried besonders wichtiges ›literarisches Gewissen‹ im Londoner (Nach-)Exil.

Bertrand Russell: Britischer Philosoph und Mathematiker (1872–1970), der 1966 das – gegen die US-amerikanische Kriegspolitik in Vietnam gerichtete – ›Russell-Tribunal‹ mitbegründete.

↓ **Seite 40–42**: Erich Fried an Peter Zadek (1963)

Ü: ÖLA, Typoskript/Durchschlag ohne Unterschrift, 1 Bl. (Text danach, leicht gekürzt); Absenderadresse: ohne; Datum: 14.2.1963; EV: Einblicke/Durchblicke, S. 99 (Auszug)

Als Kind war der 1926 in Berlin geborene Peter Zadek 1933 mit seinen Eltern nach London emigriert, wo er später Erich Fried kennenlernte. Nach Zadeks Übersiedlung nach Deutschland gegen Ende der 1950er Jahre, mittlerweile Regisseur am Theater Bremen, hatte er Erich Fried dazu animiert, den *Sommernachtstraum* neu zu übersetzen (Premiere am 9. Mai 1963), Frieds erste Shakespeare-Übertragung (vgl. Peter Zadek: *My Way. Eine Autobiographie 1929–1969.* Köln: Kiepenheuer & Witsch 1998, S. 363f.).

Theater von Heute: Das 1960 gegründete, bis dato für seinen Bereich maßgebliche Magazin *Theater heute.*

Merkur: Das seit 1947 bestehende Kulturmagazin, mit dessen erstem Herausgeber Hans Paeschke Fried schon seit den späten 1940er Jahren Kontakt hatte.

Lear: Vermutlich die Londoner *Lear*-Inszenierung von Peter Brook (Premiere 1962).

Herzogin von Malfi: Übersetzung von John Websters Stück *The Duchess of Malfi* des in Preßburg (Bratislava) geborenen Exilschriftstellers Alfred Marnau (1918–1999) (vgl. auch GW 4, 401–405, insbes. 402).

Zora: Zora Shaked (verheiratete Z. Otálora, Künstlername Zora Keran, 1934–2001), Psychologin, Ministerialbeamtin, Lehrbeauftragte am Dolmetscher-Institut der Universität Wien; Freundin von Fried, der über ihre Gedichte später in der österreichischen Zeitschrift *Literatur und Kritik* schrieb (H. 191/192 v. 1985, S. 6f.).

Zioghas: Basiles Zioghas (1937–2001), griechischer Künstler und Schriftsteller, befreundet mit Z. Otálora.

Grabstücks: Wenig erfolgreich hat sich Fried auch als Dramatiker versucht, u. a. mit dem »bürgerlichen Trauerspiel« *Delver macht die Erde wohnlich*, das unveröffentlicht blieb.

↓ **Seite 43**: Erich Fried an die Österreichische Botschaft in London (1964)

Ü: ÖLA, Typoskript/Durchschlag ohne Unterschrift, 1 Bl.; Absenderadresse: ohne; Datum: 18. Juni 1964

Seine österreichische Staatsbürgerschaft, die Fried durch seine Flucht verloren hatte, erhielt er erst 1982 wieder (unter Beibehaltung der britischen Staatsbürgerschaft, die er seit 1949 besaß).

↓ **Seite 44–46**: Erich Fried an Hans Werner Richter (1965)
Ü: Typoskript, 2 Bl. (Akademie der Künste, Berlin); Absenderadresse: ohne; Datum: 12. Januar 1965; EV: Hans Werner Richter: *Briefe*. Hg. von Sabine Cofalla. München: Hanser 1997, S. 547f. (Text danach, gekürzt)

Der Briefanfang bezieht sich auf die Einladung Hans Werner Richters (1908–1993) zu Frieds Mitarbeit an dem (im Vorfeld des Bundestagswahlkampfes von 1965 die SPD unterstützenden) Band *Plädoyer für eine neue Regierung oder Keine Alternative* (Rowohlt: Reinbek 1965; vgl. dort insbes. S. 140–146; Frieds Beitrag, der sich mit der Einschätzung der politischen Lage in Westdeutschland aus ›englischer‹ Sicht beschäftigt, ist auch abgedruckt in AuN, S. 31–39). Erich Fried war Mitglied von Richters Gruppe seit 1963, wo er sich nach und nach als Linksintellektueller – vor allem in Opposition zu Günter Grass – zu positionieren versuchte.

Hamburger: Michael Hamburger (1924–2007), deutscher Lyriker, Publizist und Übersetzer, englischer Exil-Bekannter von Fried.

Wayland Young: 2nd Baron Kennet (1923–2009), zwischen konservativen und sozialdemokratischen Positionen wechselnder englischer Politiker und Publizist.

Günter Eich: Der von Fried seit der Mitte der 1950er Jahre geschätzte deutsche Autor (1907–1972) war seit 1953 mit der österreichischen Schriftstellerin Ilse Aichinger (vgl. S. 15–18 und Kommentar dazu) verheiratet. (MhK, S. 145–147/228)

Ilse: Ilse Aichinger.

Hilde Domin: Deutsche Schriftstellerin (1909–2006), die mit Fried ebenso nah war, wie sie 1987 nach seiner Büchner-Preisrede auf freundschaftliche Distanz ging.

Warngedichte: Von denen Fried 1963 Einzelproben vor der Gruppe 47 präsentiert hatte (GW 1, 261–340).

Überlegungen: Dem österreichischen Kommunisten Ernst Fischer zugeeignet (GW 1, 341–359, insbes. S. 342f.).

Marcel: Der seit den gemeinsamen Tagen bei der Gruppe 47 mit Fried in vielerlei Hinsicht auf ambivalente Weise verbundene Literaturkritiker Marcel Reich-Ranicki (geb. 1920).

Peter Weiss: Den Schriftsteller (1916–1982) mit jüdischem Familienhintergrund hatte Fried im Kontext der Gruppe 47 kennengelernt und ihn nicht nur dort als ›linken Gesinnungsfreund‹ verteidigt – vor allem gegenüber Günter Grass.

↓ **Seite 47–49**: Erich Fried an Klaus Wagenbach (1970)
Ü: ÖLA, Typoskript/Durchschlag mit eigenhändiger Unterschrift, 3 Bl. (Text danach, gekürzt); Absenderadresse: ohne; Datum: 18. Juni 1970

Frieds »verbitterter« Brief ist eine Reaktion auf ein Schreiben von Klaus Wagenbach vom 8.6.1970. Hintergrund war die Zusammenstellung des Bandes *Unter Nebenfeinden* (1970), wozu der Verleger eine vierseitige Liste mit zum Teil sehr detaillierten, mitunter recht groben Kommentaren (»Pfui-Deibel« etc.) verfaßt hatte. Dazu erklärte Klaus Wagenbach dem Herausgeber im Juni 2009: »Vierzig Jahre nach diesem umfangreichen Brief gestehe ich bekümmert: Erich hatte vollkommen recht. Ich war in der Tat vergiftet von einem Klima, das außerhalb Westberlins kaum verständlich war und das meinen lyrischen Geschmack lächerlich eng machte.«

Ulrike: Ulrike Meinhof (1934–1976).

[das ich für zu ***schwach*** **halte!]**: Von Fried nachträglich mit eigener Hand am linken Rand ergänzt in eckiger Klammer.

↓ **Seite 50/51**: Erich Fried an den *Spiegel* (1972)
Entstehungsort: London; EV: *Spiegel*, Nr. 7 v. 7.2.1972, S. 7f. (Text danach)

Fried bezieht sich auf den Beitrag »Diese Praxis ist verheerend« des Juristen und nordrhein-westfälischen (SPD-)Ministers für Bundesangelegenheiten Posser (*Spiegel* – Nr. 5 v. 24.1.1972, S. 40f.). Darin hatte der sich auf die Staatsräson berufende Politiker dem Schriftsteller in bezug auf dessen damals vieldiskutierten Artikel »Will Ulrike Gnade oder freies Geleit?« (*Spiegel* – Nr. 3 v. 10.1.1972, S. 54–57) u. a. vorgeworfen, daß er »in gefährlicher Weise die Tätigkeit der [Baader-Meinhof-]Gruppe« verharmlose.

Horst Mahlers Freispruch: Horst Mahler (geb. 1936; Rechtsanwalt und RAF-Gründungsmitglied, inhaftiert von 1970 bis 1980, distanzierte sich sukzessive von der RAF und vertritt heute rechtsextreme Überzeugungen) war im Frühjahr 1971

von einem Berliner Gericht vom Vorwurf der Beteiligung an der sogenannten Baader-Befreiung (Mai 1970) freigesprochen worden, wurde jedoch nicht auf freien Fuß gesetzt, da weitere Haftbefehle gegen ihn vorlagen.
Petra Schelm: Die 1950 geborene RAF-Angehörige kam bei einem Schußwechsel mit der Hamburger Polizei im Juli 1971 ums Leben (erstes ›Todesopfer‹ auf seiten der RAF). Die Tatsache, daß sie nicht ›kampfunfähig‹ verletzt, sondern mit einem Schuß unter das linke Auge getötet wurde, sorgte damals für eine öffentliche Debatte.
Vorbeugemord: Dieser in Zusammenhang mit dem Tod des Studenten Georg von Rauch (1947–1971) verwendete Begriff (analog zu ›Vorbeugehaft‹) veranlaßte den Berliner Polizeipräsidenten Klaus Hübner (geb. 1924) zu einer Klage wegen Beleidigung der Berliner Polizei. Fried, der vor Gericht Beistand von Heinrich Böll erhielt, wurde 1974 in Hamburg von diesem Vorwurf freigesprochen. Daraufhin ließ Hübner gegen Klaus Wagenbach in Berlin Klage erheben, der in zweiter Instanz verurteilt wurde.

↓ **Seite 52–60**: Erich Fried an Heinrich Böll (1972)

Ü: ÖLA, Typoskript ohne Unterschrift (Kopie), 4 Bl. (Text danach, leicht gekürzt); Absenderadresse: ohne; Datum: 5. Juli 1972

Frieds solidarisches wie appellierendes Schreiben ist wie sein folgenschwerer *Spiegel*-Leserbrief vor dem aufgeheizten Hintergrund der noch relativ jungen Geschichte der Roten Armee Fraktion und dem damit verbundenen Medienkrieg (vor allem der *Bild*-Zeitung Axel Springers) zu sehen, der durch die Einlassungen des rheinischen Schriftstellers (1917–1985) im *Spiegel* im Januar 1972 (s. oben) neue Nahrung erhielt. Seitdem galt Heinrich Böll, der daraufhin auch anonyme Morddrohungen erhielt, als Baader-Meinhof-Sympathisant, nur weil er versuchte, sich in der allgemeinen Hysterie einen Sinn für Proportionen zu wahren. Viele Themen und Einzelaspekte, die Fried in seinem umfangreichen Brief anführt, hat er 1974 auch in seiner Verteidigungsrede beim Hamburger Beleidigungsprozeß aufgegriffen: u. a. die Hinrichtung der KZ-Aufseherin Irma Grese (1923–1945), die Erschießung des unschuldigen Schotten Ian McLeod am 25. 5. 1972 oder den Prosatext »Die Schneibarkeit« (AuN, S. 118–150).

für das Gedicht: erschien als »Köln III« in dem Band »Heinrich Böll. Gedichte / Klaus Staeck. Collagen« (Köln: Labé & Muta 1975, S. 22–37)
André Gide: Französischer Schriftsteller (1896–1951), von dem der berühmte Satz stammt: »Croyez ceux qui cherchent la vérité, doutez de ceux qui la trouvent«.
Ulrich v. Hutten: Streitbarer deutscher Humanist (1488–1523). Fried zitiert den Beginn eines bekannten Liedes von ihm.
Gollwitzer: Helmut Gollwitzer (1908–1993), evangelischer Theologe und Publizist; Fried hielt 1978 die Rede zu dessen 70. Geburtstag; enthalten in: AuN, S. 175–188.
ein Gedicht dagegen: »Deutsche Volksfahndung 1972« spielte auf eine Parole des Bundeskriminalamt-Leiters Horst Herold (geb. 1923) an (GW 2, 54).
O[skar] Negt: Kapitalismuskritischer deutscher Sozialphilosoph (geb. 1934), der im Juni 1972 auf einer Frankfurter Solidaritätsveranstaltung des »Sozialistischen Büros« für die amerikanische Bürgerrechtlerin Angela Davis dazu aufgerufen hatte, daß sich die Linke eindeutig von der RAF distanzieren solle.
›Die verirrten Genossen‹: GW 2, 55f.
Bornemann: Ern(e)st Bornemann (1915–1995), der sich auch als Psychologe, Psychoanalytiker und Sexualforscher einen Namen machte, hatte sich im Juni 1972 in einem WDR-Interview ebenfalls für eine differenzierte Betrachtung der »Baader-Meinhof-Gruppe« ausgesprochen (wie Böll sprach er nicht von »Bande«) – dem damals an der Universität Münster tätigen Hochschullehrer brachte dies massive Anschuldigungen und journalistische Nachstellungen ein.

↓ **Seite 61–63**: Rudi Dutschke an Erich Fried (1974)
Ü: ÖLA, Typoskript mit eigenhändiger Unterschrift u. eigenhändiges P.S., 1 Bl.; Absenderadresse: DK 8200, Aarhus, Vestervang 37; Entstehungsort/Datum: Aarhus, d. 2.12.74; © Erben Rudi Dutschke

Den Wortführer der deutschen Studentenbewegung und Neuen Linken Rudi Dutschke (1940–1979) hatte Fried im Umfeld des Internationalen Vietnamkongresses im Februar 1968 in Berlin kennengelernt und sich rasch mit ihm angefreundet. Nach dem Attentat auf ihn im April 1969 war Dutschke für einige Zeit in London, wo er und seine Familie tatkräftig von

Catherine und Erich Fried unterstützt wurden (nach seiner Ausweisung aus England 1971 ging er nach Dänemark). Frieds Nachruf auf Dutschke: AuN, S. 189–192.
Manfred: Allem Anschein nach Manfred Scharrer (geb. 1945), ein enger Freund Dutschkes.
Gretchen: Dutschkes Frau (geb. 1942), lebt in den USA.
Jan R.: Jan-Carl Raspe (1944–1977), im Gefängnis Köln-Ossendorf inhaftiertes RAF-Mitglied, den Dutschke im November 1974 dort besucht hatte.
Horst M.: Horst Mahler.
Buch-Schinken: Der annähernd 350 Seiten starke *Versuch, Lenin auf die Füße zu stellen* (Berlin: Wagenbach 1974).
Wolfgang D.: Der Historiker und Politikwissenschaftler Wolfgang Dreßen (geb. 1942), damals Lektor im Verlag Klaus Wagenbach.
Klaus W.: Klaus Wagenbach (geb. 1930).
Rosa L.-M.: Rosa Leviné-Meyer (1890–1983), die damals in London lebende Witwe des deutschen Revolutionärs Eugen Leviné (in zweiter Ehe verheiratet mit dem KPD-Politiker Ernst Meyer), die Dutschke wahrscheinlich 1969 (möglicherweise über Erich Fried) in London kennengelernt hat.
Schlacker: Spitzname von Gustav Lamche, deutscher SDS-Aktivist in Paris, der mit seiner Familie (englische Ehefrau mit dem Vornamen Ann) ausgewiesen wurde und in London den Kontakt mit Erich Fried suchte, der ihn unterstützte.

↓ **Seite 64–68**: Erich Fried an Brigitte Heinrich (1975)
Ü: ÖLA, Typoskript/Durchschlag mit eigenhändiger Unterschrift/Durchschlag, 2 Bl.; Absenderadresse: ohne; Entstehungsort/Datum: London, 25. Februar 1975

Die Frankfurterin Brigitte Heinrich (1941–1987), Journalistin und Hochschul-Lehrbeauftragte, hatte Kontakt zu verschiedenen militanten Gruppen und wurde im November 1974 im Rahmen der berüchtigten Polizei-Razzia »Winterreise« verhaftet (Freilassung 1975). Fried widmete ihr das Gedicht »Deutsches Wintermärchen« (vgl. GW 2, 272).
Buch von Brückner: Peter Brückner/Barbara Sichtermann: *Gewalt und Solidarität. Zur Ermordung Ulrich Schmückers durch Genossen: Dokumente und Analysen*. Berlin: Wagenbach 1974 (ebenda »Brief von Erich Fried«, S. 100–102).
eine Tochter: Katherine Fried.

am Grab von Holger Meins: Dutschke, ein entschiedener Gegner des individuellen Terrors, hatte am 18. November 1974 bei der Beerdigung des in Folge eines Hungerstreiks gestorbenen RAF-Mitglieds die mißverständliche Parole »Holger, der Kampf geht weiter!« ausgegeben.
Zeitschrift ›Der lange Marsch‹: 1970 in Berlin von Manfred Scharrer (geb. 1945) mitbegründete *Zeitung für eine Neue Linke* (so der Untertitel), in der gelegentlich auch Erich Fried veröffentlichte.

↓ **Seite 69/70:** Erich Fried: Offener Brief an Jean Améry (1975)
EV: Frankfurter Rundschau, Nr. 240 v. 16.10.1975 (Text danach)

Dem Schreiben Frieds hatte die Redaktion der *Frankfurter Rundschau* folgenden Text vorangestellt: »Einen ›Offenen Brief an Herrn Ex-Minister Speer‹ hatte der Philosoph und Essayist Jean Améry (1912–1978) an dieser Stelle am 14. Oktober 1975 veröffentlicht. Améry, der als belgischer Widerstandskämpfer verhaftet worden und als KZ-Häftling Speers ›Angestellter im engeren und weiteren Sinn‹ war, hatte den ehemaligen nazistischen Rüstungsminister aufgefordert, ›sich aus purer Dezenz Schweigen zu gebieten‹. ›Es scheint mir‹, schrieb Jean Améry, ›als habe keiner der einstigen Mittäter das moralische Recht, mit ergreifenden Expektorationen an die Öffentlichkeit zu treten. Sühne und Umkehr werden würdig nur in Einsamkeit vollzogen: ohne Geste an der Rampe.‹« Über Améry (geb. 1912 – Freitod 1978) auch Frieds Gedichte »Nachwissen?« und »Für Jean Améry« (GW 3, 551f. u. 602f.).
Hans Filbinger: (1913–2007) NSDAP-Mitglied, später CDU-Politiker (u. a. baden-württembergischer Ministerpräsident), hatte den französischen Linksintellektuellen und Schriftsteller Jean-Paul Sartre (1905–1980) der »Instinktlosigkeit gegenüber der deutschen Bevölkerung« bezichtigt und ihn als »Werkzeug einer gezielten Verleugnungskampagne gegen die Justiz eines Rechtsstaats« bezeichnet, nachdem dieser im Dezember 1974 den in Stuttgart-Stammheim einsitzenden Andreas Baader aufgesucht und Bedenken gegen die Haftbedingungen ausgesprochen hatte. Filbinger trat 1978 von seinem Ministerpräsidentenamt zurück: Er war wegen seiner Tätigkeit als Ankläger und Richter bei der Kriegsmarine im Zweiten Weltkrieg unter Druck geraten, wobei ihm auch sein anfängliches Leugnen nichts half.

Verfassungsgericht: Am 22. Mai 1975 hatte das Bundesverfassungsgericht entschieden, daß nur solche Bürger verbeamtet werden dürfen, die im Einklang mit der freiheitlich demokratischen Grundordnung im Sinne des Grundgesetzes stehen. Dieser Entscheid wurde öffentlich als Aushöhlung fundamentaler rechtsstaatlicher Prinzipien kritisiert.
Richard Schmid: Widerstandskämpfer im Dritten Reich, 1940 vom Volksgerichtshof (dessen Präsident 1942 der in dem Brief kurz zuvor erwähnte berüchtigte Roland Freisler wurde) zu einer Zuchthausstrafe verurteilt, trat 1968 aus Protest gegen die Notstandsgesetze aus der SPD aus. Als Jurist (zeitweise im baden-württembergischen Landesdienst) hat er sich wiederholt gegen bundesdeutsche Rechtspraktiken ausgesprochen, so in seinem 1975 erschienenen Buch *Das Unbehagen an der Justiz.*
Alfred Grosser: Deutsch-französischer, auf Völkerverständigung ausgerichteter liberaler Publizist, Soziologe und Politikwissenschaftler (geb. 1925). In unmittelbarer zeitlicher Nähe von Frieds »Offenem Brief« hatte er bei aller vorsichtigen Abwägung seiner Rede zur Verleihung des Friedenspreises des Deutschen Buchhandels – am 12. 10. 1975 deutliche Worte gegen die bundesdeutsche ›law and order‹-Mentalität gefunden und sich für die »Verteidigung der Grundfreiheiheiten gegen den Staat« ausgesprochen sowie die »Gefahr für den Staat« durch »Linksextremisten im öffentlichen Dienst« relativiert.
Steinhoff: Auf ihn und den einige Zeilen zuvor erwähnten Fritz Bauer (1903–1968; Richter und Staatsanwalt, der sich für eine demokratische Justiz und die konsequente Verfolgung von NS-Verbrechen engagierte) hat sich Fried mehrfach berufen, vgl. z. B. AuN, S. 145f., 151, 152/276.

↓ **Seite 71–74:** Jean Améry an Erich Fried (1975)
Ü: ÖLA, Typoskript mit eigenhändiger Unterschrift, 2 Bl.; Absenderadresse: Avenue Coghen 56 / 1180 Bruxelles / Belgique; Datum: 26.10.75; © Deutsche Schillergesellschaft, Marbach
›Lucien Lacombe‹: Spielfilm des französischen Regisseurs Louis Malle (1932–1995) (1974).
Pétain: Philippe Pétain (1856–1951), französischer Staatschef der mit Hitler-Deutschland kollaborierenden Vichy-Regierung.
Mosley: Sir Oswald Mosley (1896–1980), britischer Politiker mit erklärt faschistischer Gesinnung.

Herrn Fest: Joachim Fest (1926–2006), FAZ-Mitherausgeber und Verfasser von *Hitler. Eine Biographie* (1973).
›**Portier de nuit**‹: Spielfilm der italienischen Regisseurin Liliana Cavani (geb. 1933) (1974, dt.: *Der Nachtportier*).
Wiedergutmachungsprozeß: Im Original »Widergutmachungsprozess«, möglicherweise mit Absicht so geschrieben.
Hora-Tanzen: Jüdischer Volkstanz (Hora, aus dem Griechischen: Reigen).
Gorilla von Uganda: Der afrikanische Gewaltherrscher Idi Amin (1928–2003).
Hans Mayer: In seinem essayistisch angelegten Buch *Außenseiter* von 1975 über die jahrhundertealte Diffamierung von Frauen, Juden und Homosexuellen schreibt der (mit Fried befreundete) Literatur- und Musikwissenschaftler Hans Mayer (1907–2001) unter anderem: »Wer den ›Zionismus‹ angreift, aber beileibe nichts gegen die ›Juden‹ sagen möchte, macht sich oder anderen etwas vor« (zit. nach der Sonderausgabe des Suhrkamp Verlags, Frankfurt am Main 1977, S. 457). In diesem Kontext (»Judenhaß nach Auschwitz«) setzte sich Mayer auch mit der 1946 erschienenen Schrift »Réflexions sur la Question Juive« (dt.: »Überlegungen zur Judenfrage«) von Jean-Paul Sartre (Lebensgefährte der Schriftstellerin Simone de Beauvoir) auseinander, den er – wie im Folgenden Améry – mit einem Ausspruch über den ›Antisemiten‹ so zitiert: »Was er wünscht und vorbereitet, ist der Tod des Juden« (ebd., S. 451).

↓ **Seite 75/76**: Erich Fried an Nellie Fried (1975?)
Ü: ÖLA, Typoskript mit eigenhändiger Unterschrift, 1 Bl.; Absenderadresse: ohne; Entstehungsort: Kopenhagen [erschlossen]; Datum: ohne (1975?)

Nellie Fried (1896–1982) war ihrem Sohn 1939 nach England gefolgt.
Catherine: Die 1965 geehelichte dritte Ehefrau Catherine Fried-Boswell (geb. 1936).
Japhet: Befreundetes Ehepaar, das nach Amerika auswanderte.
für Nan: Nach einer schweren Krebserkrankung lebte Frieds zweite Frau seit Mitte der 1970er Jahre wieder bei Fried in London.
Karsten: Karsten Leunbach.
[v]**ollständig**: Im Originaltext heißt es ›follständig‹, was nicht zwangsläufig ein Tippfehler sein muß. Frieds Mutter sprach

rudimentär Französisch, und so könnte hier ein Wortspiel vorliegen (*folle* = verrückt), zumal von Verrücktheit auch gleich im Anschluß die Rede ist.

↓ **Seite 77**: Erich Fried an Lydia Trüb (1977)

Ü: Typoskript aus dem Privatarchiv von Lydia Trüb mit eigenhändiger Anrede und Unterschrift; 1 Bl.; Absenderadresse: ohne; Datum: 6. November 1977

»Nichtnure«: Erschienen in den *Liebesgedichten* von 1979 (GW 2, 388f.), deren Adressatin die Schweizerin Lydia Trüb ist (Bildband, S. 110f.).

Malinowski: Ivan Malinowski, dänischer Dichter und Übersetzer (1926–1989).

Berliner Extradienst: Ein 1967 gegründetes, den sogenannten bürgerlichen Medien und der Boulevardpresse gegensteuerndes linkes Informationsblatt, das bis in die siebziger Jahre als Zentralorgan der Außerparlamentarischen Opposition galt.

Brechts deutsche Kriegsfibel: Die Kriegsfibel ist eine in den dreißiger Jahren begonnene Sammlung von 69 mit Vierzeilern (von Brecht so genannten »fotoepigrammen«) versehenen Photographien, die 1955 im Westberliner Eulenspiegel Verlag erschien.

Gollwitzers Antwort: Der SPD-Vorsitzende Brandt hatte sich 1977 gegen ein Russell-Tribunal ausgesprochen, das sich mit Menschenrechtsverletzungen in der BRD beschäftigt (3. Russell-Tribunal 1979 in Frankfurt am Main und Köln; Gollwitzers Antwort auf Brandt auch in: *Russell-Tribunal – pro und contra. Dokumente zu einer gefährlichen Kontroverse.* Reinbek: Rowohlt 1978, S. 25–27; vgl. ebenda Frieds Beitrag »Warum ich *für* das Russell-Tribunal bin«, S. 72–75).

↓ **Seite 78–82**: Erich Fried an Karin Kiwus (1977)

Ü: ÖLA, Typoskript mit eigenhändiger Unterschrift, 3 Bl. (Text danach, gekürzt); Absenderadresse: ohne; Datum: 22. Februar 1977

Karin Kiwus, geboren 1942 in Berlin, hatte Erich Fried (offensichtlich nach einem gemeinsamen Auftritt) ihren Gedichtband *Von beiden Seiten der Gegenwart* (Frankfurt am Main: Suhrkamp 1976) zugeschickt, in dem sich das im Brief erwähnte Gedicht »Über den Berg« befindet.

im Herbst bei Wagenbach: *Die bunten Getüme* (GW 2, 319–376).

»Waste Land«: Legendäres Langgedicht von 1922 (vgl. die Übersetzung von Ernst Robert Curtius in: T.S. Eliot: *Gedichte*. Frankfurt am Main: Suhrkamp 1964, S. 35–79; Frieds Übersetzungskritik könnte sich auch auf eine Übertragung von Eva Hesse aus dem Jahr 1973 beziehen).
Renate-Rasp-Einfluß: Die 1935 in Berlin geborene Schriftstellerin, eine ›literarische femme fatale‹ ihrer Zeit, die mit sexuellen (u.a. sado-masochistischen) Themen provozierte, hatte Fried bei ihrem Auftritt 1967 bei der Gruppe 47 kennengelernt.
Prosaband: 1975 erschien *Fast alles Mögliche* (GW 4, 337–448).

↓ **Seite 83/84**: Erich Fried an Bärbel Altendorf (1977)
Ü: ÖLA, Typoskript/Durchschlag, 1 Bl. (Text danach, leicht gekürzt); Absenderadresse: ohne; Datum: 24. Okt. 1977
Bärbel Altendorf (geb. 1957, verheiratete Altendorf-Jehle), freie Journalistin und Stadträtin im baden-württembergischen Freudenstadt, Tochter des Schriftstellers, Malers und Verlegers Wolfgang Altendorf (1921–2007), hatte eine Interpretation des Gedichtes »Gründe« (GW 1, 365f.) an Fried mit der Bitte um Stellungnahme geschickt.

↓ **Seite 85**: Nellie Fried an Erich Fried (um 1980)
Ü: ÖLA, Typoskript mit eigenhändiger Unterschrift, 1 Bl.; Absenderadresse: ohne; Datum: ohne (um 1980)
Der Brief an den Sohn reagiert auf den Plan, einen Urlaub in Südfrankreich zu verbringen, ein ausgesprochener Wunsch der Schwiegertochter Catherine, mit der Nellie auf ›Kriegsfuß‹ stand (vgl. C. Fried, S. 93f. u.ö.).
›ihren Wünschen gemäß‹: Catherine Frieds.
Adler: Nellie Frieds Londoner Hausarzt.
Lydia: Lydia Trüb.

↓ **Seite 86/87**: Klaus Wagenbach an Erich Fried (1981)
Ü: ÖLA, Typoskript mit eigenhändiger Unterschrift, 1 Bl.; Absenderadresse: Bamberger Straße 6, 1000 Berlin 30; Datum: 3.5. [1981, erschlossen]
Festschrift: *Zum 60. Geburtstag von Erich Fried*, Sonderdruck identisch mit dem Eingangsteil der Vierteljahreszeitschrift *Freibeuter* – Nr. 7 (1981) (S. 1–32, vgl. dort insbes. S. 24f.).

Günter: Günter Grass (geb. 1927).
Haffner: Der deutsche Publizist Sebastian Haffner (1907–1999).
Hans Werner: Hans Werner Richter hatte auf der (vorläufig) letzten Sitzung der Gruppe 47 im Landgasthof »Pulvermühle« 1967 die Gruppenmitglieder zurechtgewiesen, die sich wie der Schriftsteller Reinhard Lettau mit den am Tagungsort demonstrierenden Erlanger SDS-Studenten solidarisierten.
Schlamm: Der Journalist und Schriftsteller William S. Schlamm (1904–1978), als junger Mann Pazifist und Kommunist, später (umstrittener) Vertreter eines antikommunistischen Konservatismus.
Autorengeneralversammlung: Eine Gruppe innerhalb des Verlags wollte eine ›Kollektivierung‹ auch des Lektorats, was Klaus Wagenbach ablehnte; eine Autorengeneralversammlung vom 13.5.1973 empfahl eine Spaltung des Verlags – anschließend stimmte die überwältigende Mehrheit der Autoren für Wagenbach.

↓ **Seite 88–91**: Erich Fried an Anne Duden (1984)
Entstehungsort: London; Datum: 30. Juli 1984; EV: Proben und Berichte. Ein Almanach zum fünfzigjährigen Bestehen des Verlages. Düsseldorf: Claassen 1984, S. 48–53 (Text nach GW 1, 643–645, gekürzt)
›**Reich der Steine**‹: Zuerst 1963 in Hamburg bei Claassen unter der Ägide von Hilde Claassen erschienen (GW 1, 135–257).
›**Übergang**‹: Den Prosaband (Berlin: Rotbuch 1982) der 1942 geborenen, seit 1978 vornehmlich in London lebenden Schriftstellerin hatte Fried ein Jahr vorher in *Die Zeit* besprochen (Nr. 20, 1983, S. 45).
junge Keramikerin: Hilde Goldscheider, an die sich Fried auch in seiner Geschichte »Hilde« erinnert (GW 4, 595–601).
Okopenko: Geboren 1930, Träger des Österreichischen Staatspreises für Literatur 1999. Seine Anfang der 1950er Jahre entstandene Fried-Parodie erschien 1964 in der Zeitschrift *manuskripte* (H. 10) und in der von G.B. Fuchs herausgegebenen Nonsensverse-Sammlung *Meisengeige* (München: Hanser, 1964). Okopenko war von 1951 bis 1953 Herausgeber der *publikationen einer wiener gruppe junger autoren*; *Fragmente* ist offenbar ein Erinnerungsfehler Frieds.
Kattner: Kattners Rundfunk-Besprechung erschien in überarbeiteter Fassung später auch in *Deutsches Allgemeines Sonntagsblatt* vom 2.9.1984 (Nr. 36, S. 25).

noch ein Gedicht: Vgl. die in der ursprünglichen Brieffassung wiedergegebenen Verse »Dichterwelt« (vgl. GW 3, 216).

↓ **Seite 92**: Erich Fried an Catherine Fried (1984)
Ü: ÖLA, Typoskript mit eigenhändiger Anrede und Unterschrift, 1 Bl.; Absenderadresse: ohne; Datum: 15. Oct. 84

an inflection of your voice: Vgl. das der dritten Ehefrau gewidmete Gedicht »Eine Kleinigkeit« (GW 3, 9).
polygamy: Beispielsweise C. Fried, S. 68f.

↓ **Seite 93–99**: Erich Fried an Michael Kühnen (1985)
Ü: ÖLA, Typoskript mit eigenhändiger Unterschrift, 4 Bl. (Kopie); (Text danach, gekürzt); Absenderadresse: 22 Dartmouth Road, London NW2 4 EX; Datum: 18. Januar 1985

Am 21.1.1983 sollte Fried in einer TV-Sendung von Radio Bremen u.a. mit dem mehrfach vorbestraften deutschen Neonazi Michael Kühnen (1956–1991) diskutieren. Dieser wurde jedoch vom Sender kurzfristig ausgeladen, was Fried erboste. Dennoch kam – offensichtlich durch Initiative Kühnens – ein fünfstündiges Gespräch noch im Jahr 1983 zustande, dem ein Briefwechsel bis 1987 folgte. Fried erklärte sich 1984 sogar bereit, für den mittlerweile wieder inhaftierten Kühnen vor Gericht auszusagen. Anfang 1985 besuchte er ihn in der Untersuchungshaft. Das Engagement Frieds drang an die Öffentlichkeit: Wasser auf die Mühlen erklärter Fried-Kritiker (z.B. Hendryk M. Broder, vgl. *Spiegel*, Nr. 16, 1987).
›**taz**‹: Mechthild Küpper: »Kühnen ist ein armer Hund« (*die tageszeitung* v. 22.12.1984).
Frau Lingens: Ella Lingens-Reiner (1908–2002), verheiratet mit dem Antifaschisten Kurt Lingens, war von 1943 bis 1945 in deutschen Konzentrationslagern (ihr Sohn Peter Michael Lingens war 1970 *profil*-Mitbegründer).
Röhm: SA-Stabschef Ernst Röhm, geboren 1887, der auf Anweisung Hitlers 1934 von der SS erschossen wurde (im Rahmen dieser »Säuberungsaktion« Hitlers wurde unmittelbar vorher das NSDAP-Mitglied Gregor Strasser ermordet).
›**Briefe aus dem Gefängnis**‹: Zuerst in Berlin 1920 erschienen.
›**Diagnosen**‹: Offenbar eine Publikation aus dem neonazistischen Diagnosen-Verlag.

Achterberg: Eberhard Achterberg (1910–1983), gehörte zu dem Umfeld des NS-Chefideologen Alfred Rosenberg. Achterberg ging dazu später auf Distanz.

↓ **Seite 100–102**: Hugo Stitz an Erich Fried (1987)
Ü: ÖLA, Typoskript mit eigenhändiger Unterschrift, 1 Bl. (Text danach, gekürzt); Absenderadresse: Caritas-Direktor Graz-Seckau a.D., A. 8951 Unterburg 5; Datum: 14. 9. 1987

Hugo Stitz (1910–1995) war römisch-katholischer Pfarrer der steirischen Gemeinde Großsteinbach und der Pfarrei Graz-Graben sowie von 1949 bis 1957 Caritas-Direktor der Diözese Graz-Seckau. In seinem Brief bezieht er sich auf Frieds Festrede zur Eröffnung des Internationalen Brucknerfestes in Linz am 13. September 1987, bei welcher der in seiner Rolle als NS-Mitläufer der deutschen Wehrmacht international höchst umstrittene, auch von Fried kritisierte österreichische Bundespräsident Kurt Waldheim (1918–2007) anwesend war (zu Waldheim GW 3, 360 u. 541f.). In sein Amt war Waldheim nach einem von antisemitischen Untertönen durchsetzten Wahlkampf 1986 gewählt worden. Der Briefwechsel, soweit überliefert, endete trotz seines anfänglich äußerst polemischen Tonfalls mehr oder weniger versöhnlich, indem Stitz sich bei Fried entschuldigte (26. 9. 1987).

internationale Kommission: Diese sprach Waldheim 1988 vom Vorwurf des Kriegsverbrechens frei, warf ihm aber massive Verharmlosung bei der Darstellung seiner Vergangenheit vor.

Vergleich eines Dr. Hödl: Der Linzer Vizebürgermeister Carl Hödl hatte in einem Brief dem Jüdischen Weltkongreß (WJC) vorgeworfen, daß dieser mit Waldheim verfahre wie ehemals die Juden, die Jesus in einem Schauprozeß dem Tod am Kreuz ausgeliefert hätten.

↓ **Seite 103–105**: Erich Fried an Hugo Stitz (1987)
Ü: ÖLA, Typoskript mit eigenhändiger Unterschrift, 2 Bl. (Kopie); (Text danach, gekürzt); Absenderadresse: ohne; Datum: 18. September 87

Wochenpresse: Eine Reaktion Frieds auf Waldheims Antrittsrede in dem Wiener Magazin *Wochenpresse* konnte nicht ermittelt werden, wohl aber auf Waldheims Ansprache zum Neujahrsempfang Anfang 1987, die Fried in der Ausgabe vom

30.1.1987 »im großen und ganzen als wohltuend und staatsmännisch« bezeichnete, »viel besser als etwa die letzten Äußerungen des deutschen Bundeskanzlers Kohl«.

Mitscherlichs »Unfähigkeit zu trauern«: Die von Alexander und Margarete Mitscherlich verfaßte, vielbeachtete Studie von 1967 – mit dem Untertitel »Grundlagen kollektiven Verhaltens« – untersucht (unter psychoanalytischer Blickrichtung) die unzulängliche Aufarbeitung von NS-Verbrechen in der westdeutschen Nachkriegsgesellschaft.

Heimatdienst: Trotz aller entgegensetzten Beteuerungen agiert der ›Kärntner Heimatdienst‹ (Gründung 1957), der sich selbst als »Österreichs größte parteifreie patriotische Bürgerinitiative« bezeichnet, nach wie vor gegen die slowenische Minderheit in Kärnten, z.B. im Streit um die Aufstellung zweisprachiger Ortstafeln.

Pharisäer: Angehörige einer im zweiten Jahrhundert vor Christi Geburt entstandenen bedeutenden Gruppe im palästinensischen Judentum, die im Neuen Testament vielfach einseitig negativ als ›heuchlerisch‹ dargestellt werden. Die Pharisäer opponierten gegen die konservativen, der priesterlich-aristokratischen Oberschicht angehörenden Sadduzäer. Eine weitere, vom restlichen Judentum abgetrennte Gruppe waren die Essener, die wie die Pharisäer dem Jerusalemer Tempel-Kult ablehnend gegenüberstanden und meist außerhalb von Städten lebten. Nicht wenige von ihnen zogen sich auch in abgeschiedene Gegenden zurück.

↓ **Seite 106**: Erich Fried an Ossip K. Flechtheim (1988)

Ü: ÖLA (Sammlung Catherine Fried-Boswell 1, Sign. 135/99/B19-T), Diktat auf Audiokassette (Transkription danach); Entstehungsort/Datum: Baden-Baden, 4.11.1988; EV: Stimmen aus dem Archiv [CD-ROM]. In: Österreichisches Literaturarchiv. Die ersten 10 Jahre. Hg. v. Michael Hansel u. Martin Wedl. Wien: Praesens Verlag 2006

Am 3.11.1988 wurde der krebskranke Erich Fried in ein Krankenhaus eingeliefert, in Baden-Baden, wohin er zu Dreharbeiten für die ARD über die »Reichskristallnacht« 1938 angereist war. Dort ist die Tonband-Nachricht an Ossip K. Flechtheim entstanden, dessen 80. Geburtstag am 5.3.1989 bevorstand. Der mit Fried seit langem befreundete Professor für Politikwissenschaft und Begründer der Futurologie mußte 1935 wegen seiner jüdischen Abstammung und seiner politischen Tätigkeit vor den Nationalsozialisten fliehen. 1952 kam er zurück in die Bundesrepublik Deutschland, zeitweilig Mitglied der SPD, später der Grünen. Er starb knapp 10 Jahre nach Erich Fried, der am 22.11.1988 in Baden-Baden seiner Krankheit erlag.

»Der Tod erst, wenn es bricht,
zeigt uns das Herz«
Alfred Marnau

Nachbemerkung

Erich Fried gehört bis heute, vor allem mit seinen *Liebesgedichten,* zu den meistgelesenen und -zitierten deutschsprachigen Lyrikern der zweiten Hälfte des 20. Jahrhunderts. Mit seinen Shakespeare-Übersetzungen stellte er den englischen Weltliteraten in einer entstaubten deutschen Sprache vor. Weniger bekannt ist der Prosa-Autor, nicht zufällig, aber zu Unrecht: Sein Prosawerk ist zwar viel kleiner, nichtsdestotrotz ebenso lesenswert (etwa der Erinnerungsband *Mitunter sogar Lachen*). Und man kennt Erich Fried als politisch aktiven, eingreifenden Reise-Rabbi, immer unterwegs, immer mit einem offenen Ohr, immer bereit, sich zu engagieren, sich öffentlich zu exponieren, wo es ihm nötig schien.

Bisher völlig unbekannt ist der Briefschreiber Erich Fried. Um einen ersten Einblick in dieses ganz andere Schreiben zu gewähren, wurde die vorliegende kleine Auswahl (weitgehend aus dem Nachlaß im Österreichischen Literaturarchiv) zusammengestellt. Möglichst repräsentativ will sie die unterschiedlichsten Typen und Inhalte der überlieferten Korrespondenzstücke widerspiegeln – vom Künstler- und Liebesbrief über Mitteilungen aus der Sphäre des privaten Alltags bis hin zu den großen politischen Auseinandersetzungen (unter anderem in Leserbriefen, wie der im »Spiegel« von 1972, mit dem sich Fried 1974 einen Beleidigungsprozeß durch den Berliner Polizeipräsidenten in Hamburg einhandelte). Alles in allem stand Erich Fried mit einer ungemein breiten Palette an Briefpartnern in Kontakt: Die unzähligen Anfragen von Schülern und Studenten beantwortete er mit der gleichen Geduld wie die polemischsten Anfeindungen (siehe das Schreiben an Bärbel Altendorf und den Briefwechsel mit Hugo Stitz).

Die knappe Auswahl zielt nicht auf ein bestimmtes oder gar harmonisiertes Bild der Person und des Schriftstellers Fried ab. In ihr werden Kontinuitäten und Entwicklungslinien ebenso erkennbar wie punktuelle persönliche Konflikte und Schwächen Frieds. Kaum jemand hat zum Beispiel bisher gewußt, welcher Zerreißprobe die Freundschaft mit Klaus Wagenbach zu Beginn der 1970er Jahre kurzfristig ausgesetzt war, blieben beide doch beruflich wie menschlich bis zum Tod Frieds verbunden. Auf einer ganz anderen Ebene wird Frieds nicht enden wollende Sehnsucht zum anderen Geschlecht deutlich (etwa in den Briefen an E. R. Nele und Karin Kiwus), die bis zum Eingeständnis der Polygamie gegenüber seiner dritten Ehefrau Catherine in einem Schreiben aus dem Jahr 1984 reicht.

Der Band wird eröffnet mit dem Leserbrief des (frühreifen) Achtjährigen, der schon die Grundhaltungen erahnen läßt, die Fried immer zueigen blieben: Betroffenheit und Solidarität gegenüber Unterdrückung und Unrecht, Mitdenken und Aufforderung zur Hilfe, wenn es etwas zu bewegen galt, und die Hoffnung, Frieden und Gerechtigkeit durch das Gespräch, durch die Erklärung erreichen zu können. Entsprechend werden hier zwei Briefe an Häftlinge präsentiert, zwei ganz unterschiedliche Fälle, auf die Fried jeweils in für ihn eigener Manier reagierte: Der im Zuge der bundesweiten Polizeiaktion »Winterreise« (1974) festgenommenen »Genossin« Brigitte Heinrich versucht er, Mut zuzusprechen, bei gleichzeitigem Bemühen, sie vom »bewaffneten Kampf« und der sprachlichen Verwahrlosung der RAF (wie sie übrigens auch sein Freund Dutschke moniert, siehe Seite 62) fernzuhalten. Zehn Jahre später beweist er briefliches Mitgefühl mit dem inhaftierten Neo-Nazi Michael Kühnen, dessen Ideologie er ebenso entschieden wie mit einer (fast schon penetranten) Engelsgeduld kritisiert.

In der Folge wurde Fried, den bereits in den 1960er Jahren ein israelischer Kritiker wegen des Romans *Ein Soldat und ein Mädchen* als »schlecht getarnten Nazi« verdächtigt hatte, am 15. Dezember 1984 als »Neu-Nazi« bezeichnet, und zwar (irrtümlich, wie wenige Tage später »berichtigt« wurde) von eben jener FAZ, die ihn einige Jahre vorher noch als einen der Linksextremen verpflichteten »Mörderpoeten« angeprangert hatte.

Erich Frieds Verhalten in diesen und ähnlichen Fällen zeigt, daß es sich der unorthodoxe Sozialist jüdischer Herkunft zwischen den Stühlen nie leicht gemacht und dadurch bis heute seine Unverwechselbarkeit bewahrt hat. Mag sein, daß er zur »Selbstkorrektur« (die ihm wichtig war) noch häufiger ein so faires, kluges und unbestechlich-hartnäckiges, andersdenkendes Gegenüber wie Jean Améry benötigt hätte. Seine Auseinandersetzung mit ihm (dokumentiert in einem Offenen Brief und Amérys Reaktion) kann freilich – wie so oft – ohne eine genaue Kenntnis der (zeit)historischen Umstände, die der Kommentar in gebotener Kürze zu vermitteln versucht, kaum verstanden werden. Und in diesem Sinne erlaubt der vorliegende Band auch die Reise durch ein düsteres Jahrhundert, das für Fried von Exil und Krieg geprägt war – immer aus der Perspektive des von Hitler Vertriebenen –, durch das geteilte Nachkriegsdeutschland, wo etwa im westdeutschen Wirtschaftswunderland Antisozialismus und die Wiedereinbindung von Nazis in (hohe) öffentliche Ämter salonfähig waren oder wo im Toben des Kalten Kriegs kritische Sozialisten über Nacht von West nach Ost auf Nimmerwiedersehen verschleppt wurden (siehe den Brief an Rudolf Bialek).

Außerdem dokumentieren die Briefe ein Stück Literaturgeschichte, die (zeitweise) Nähe und Ferne zu so bedeutenden Autorinnen und Autoren wie Ilse Aichinger, Elias Canetti und Paul Celan. Ein Schreiben wie an Karin Kiwus zeigt das sensible, behutsam nachfragende, aber auch kritische Eingehen auf die Arbeiten einer jüngeren Kollegin; die Zeilen an Anne Duden erlauben einen lebendigen Einblick in die spannende Werkstatt des Dichters.

So entsteht durch die gewählte chronologische Anordnung nicht nur ein biographischer Bogen, der verschiedene Lebensstücke Erich Frieds sichtbarer macht, sondern zugleich ein eindrückliches zeithistorisches Bild.

Volker Kaukoreit
Wien, im Juli 2009

Abbildungsnachweis

Seite 13, 32, 76: © H. Plemmons; **Seite 60, 63:** © picture alliance; **Seite 82:** © K.-H. Meybohm; **Seite 87:** © A. Paczensky; **Seite 92:** © G. Zint; **Seite 107:** © I. Snyder,

Erich Fried

Erich Fried, geboren 1921 in Wien, floh nach der Ermordung des Vaters durch die Gestapo mit der Mutter nach London. Nach dem Krieg arbeitete er für mehrere neugegründete Zeitschriften, später als Kommentator deutschsprachiger Sendungen beim BBC. Erich Fried wurde durch seine zahlreichen Gedichtbände (»und Vietnam und«, »Liebesgedichte«, »Es ist was es ist«), mit seinem Erinnerungsbuch »Mitunter sogar Lachen« und Übersetzungen (unter anderem übersetzte er nahezu sämtliche Werke Shakespeares) bekannt. Durch seine offene und kritische Stellungnahme zu politischen Themen geriet Fried häufig in Konflikt mit der öffentlichen Meinung. Erst gegen Ende seines Lebens wurden ihm Ansehen und literarische wie öffentliche Anerkennung zuteil. Erich Fried starb nach langer und schwerer Krankheit am 22. November 1988.

Volker Kaukoreit

Volker Kaukoreit, geboren 1955, Studium der Germanistik und Romanistik in Köln, Rennes und Düsseldorf. Seit 1992 Bearbeiter des Nachlasses von Erich Fried im Österreichischen Literaturarchiv der Österreichischen Nationalbibliothek in Wien. (Mit-)Herausgeber der *Gesammelten Werke* von Erich Fried, der Fried-Chronik und vieler weiterer Fried-Bände.

Erich Fried …

Gesammelte Werke

Die Werkausgabe sammelt sämtliche Gedichte und Prosa. Die chronologische Anordnung bietet einen Einblick in die erstaunliche Konsequenz von Frieds Arbeit und macht seine große Bedeutung für die deutsche Literatur verstehbar. Ein Register der Titel und Gedichtanfänge, eine Lebenschronik und viele Bilder ergänzen die Ausgabe.

Herausgegeben von Volker Kaukoreit und Klaus Wagenbach
Quart*buch*. Vier Bände im Schmuckschuber, mit Lesebändchen. Gebunden. 2720 Seiten mit einem Register der Gedichttitel u. -anfänge sowie einer biographischen Übersicht und zahlreichen Bildern

Mitunter sogar Lachen Erinnerungen

Ein Buch der Erinnerung an die Jugend in Wien und die ersten Jahre der Emigration in London.

Quart*buch*. Gebunden. 160 Seiten

Es ist was es ist
Liebesgedichte Angstgedichte Zorngedichte

Die repräsentativste Gedichtsammlung von Erich Fried, einschließlich seines berühmtesten Gedichts: »Was es ist«. Ein Band, der den ganzen Erich Fried vorstellt: seinen ästhetischen Anspruch und seinen kritischen Zweifel, seinen erotischen Freimut und seine politische Würde.

Quart*buch*. Gebunden mit Prägung. 112 Seiten

Liebesgedichte

Wo es Abschiede und Trennungen gibt, gibt es auch Liebe und Nähe. Frieds Gedichte suchen diese heutigen Orte der Liebenden auf, so eingeschränkt sie durch den Beton der äußeren und inneren Landschaften sein mögen.

Quart*buch*. Gebunden mit Prägung. 112 Seiten

Als ich mich nach dir verzehrte
Gedichte von der Liebe

Die schönsten Gedichte über die Liebe aus dem Gesamtwerk von Erich Fried. – Freundlich und manchmal heiter beschreiben sie die Gefühle und behutsamen Gespräche außerhalb von Konsum und Medienwirrwarr.

SVLTO. Rotes Leinen. Fadengeheftet. 96 Seiten

Die Schnabelsau Leilieder und Knüllverse

Sämtliche Nonsensverse: von der Üste und dem Vorschwein bis zum Ungewinster und der Schnabelsau. Literarische Spiele aus dem gesamten Werk Erich Frieds, die den Lyriker zum ersten Mal von einer unerwarteten Seite zeigen.

Herausgegeben von Volker Kaukoreit
SVLTO. Rotes Leinen. Fadengeheftet. 80 Seiten

Gründe Gedichte

Die wichtigsten Gedichte Erich Frieds aus seinem gesamten Werk: die politisch argumentierenden und die Liebesgedichte, die sprachschöpferischen und die sprachspielerischen, die erzählenden, die zornigen und die ermutigenden.

Herausgegeben von Klaus Wagenbach
SVLTO. Rotes Leinen. Fadengeheftet. 160 Seiten

Wunder Kinder Zeit Erzählungen

Der Titel dieser Sammlung spielt nicht nur auf eine der berühmtesten Geschichten Erich Frieds an, sondern beschreibt auch den Raum seines Erzählens.

SVLTO. Rotes Leinen. Fadengeheftet. 128 Seiten

Erich Fried im Taschenbuch

So kam ich unter die Deutschen
Wie zerrissen, wie fremd leben wir im eigenen Haus? Gedichte über deutsche Angelegenheiten.
WAT 183. 128 Seiten

Vorübungen für Wunder
Liebesgedichte und Zorngedichte, Gedichte des Zuspruchs und Gedichte über die Zukunft.
WAT 356. 128 Seiten

Am Rand unserer Lebenszeit
Gedichte von der unbeholfenen Wahrheit, die manchmal an die Stelle der Gunst des Wortes tritt, unverbessert und unverbesserlich.
WAT 386. 80 Seiten

Beunruhigungen Gedichte
»Frieds Gedichte suchen Gemeinschaft auch dort, wo sie von Einsamkeit berichten. Es sind die Gedichte eines wahrhaft demokratischen Menschen.« Hans Mayer
WAT 292. 96 Seiten

Um Klarheit Gedichte gegen das Vergessen
Einer der letzten Gedichtbände Frieds, der ein zentrales Motiv seiner literarischen Arbeit zum Thema macht: Das Fragen, das Erinnern, das Bemühen um Klarheit.
WAT 303. 80 Seiten

Das Unmaß aller Dinge Fünfunddreißig Erzählungen
»Die meisten dieser Texte gehörten in Lesebücher für andere (auch: witzigere) Deutschstunden.« Alexander von Bormann
WAT 306. 96 Seiten

Lesen Sie weiter …

Fast alles Mögliche
Wahre Geschichten und gültige Lügen
Ein Lesebuch voller berühmt-berüchtigter Geschichten und entlarvender Satiren.
WAT 389. 144 Seiten

Politische Gedichte Vietnam, Israel, Deutschland
Zum Wiederlesen und Neuentdecken: Die wichtigsten politischen Gedichte Erich Frieds. Erstmals in einem Band versammelt.
Neu zusammengestellt, kommentiert und mit einem Vorwort von Christoph Buchwald. WAT 584. 96 Seiten

Erich Fried. Eine Chronik
Leben und Werk: Das biographische Lesebuch
Diese Chronik sammelt alle Daten und Fakten zu Leben und Werk Erich Frieds. Sie werden ergänzt um autobiographische Lesestücke, Gedichte, Abhandlungen und Zeugnisse von Freunden.
Herausgegeben v. Christiane Jessen, Volker Kaukoreit u. Klaus Wagenbach
WAT 323. 128 Seiten mit zahlreichen Abbildungen

Catherine Fried *Über kurz oder lang*
Erinnerungen an Erich Fried
Ein liebevolles und treffendes Bild von Erich Fried als Ehemann und Vater und zugleich ein heiteres Portrait der Zeit, vor allem der verwickelten siebziger Jahre.
Aus dem Englischen von Eike Schönfeld
SVLTO. Rotes Leinen. Fadengeheftet. 144 Seiten mit zahlreichen Abb.

Verlag Klaus Wagenbach Emser Straße 40/41 10719 Berlin
www.wagenbach.de

Alles Liebe und Schöne, Freiheit und Glück. Briefe von und an Erich Fried erschien im Herbst 2009 als 166. *SVLTO.*

Wir bedanken uns bei den Autoren, deren Erben, den Briefempfängern, Verlagen und Archiven für die freundliche Genehmigung zum Abdruck (siehe Fußnoten, S. 110 ff.).

Emser Straße 40/41, 10719 Berlin
Umschlaggestaltung Julie August unter Verwendung einer Photographie von Erich Fried © Günter Zint. Gesetzt aus der Sabon. Einbandmaterial von Ernstmeier, Herford. Gedruckt auf chlor- und säurefreiem Papier (Schleipen) und gebunden bei der Druckerei Kösel, Krugzell.

ISBN 978 3 8031 1265 1

9 783803 112651

Alles Liebe und Schoene, Auf Wiedersehen !

Ich hab

Alles alles Liebe und Schöne

und nun nur
und Gute

Alles,alles Liebe und Gute einstweilen und ueberhaupt !

Auf Wiedersehen ! Dein Erich

So - einstwe

Rasend eilig
Dein
Erich

Was meinst du ?
Sei umarmt und geküßt
von Deinem
Erich

und

und

Alles,alles Liebe und Gute einstweilen und ueberhaupt !

Auf Wiedersehen ! Dein

und nun nur noch alles, alles Liebe
und Gute !
—Dein Erich

Rasend eilig
Dein
Erich

Alles Liebe und Gute
Ihr
Erich Fried

Ich hab Dich –
De

So - einstweilen nur alles Liebe ! - Freiheit und Glueck !

Immer wi

Alles Gute !
Dein
Erich (Fried)

Sei gesund und w

Was meinst du ?
Sei umar